Pierre Georgel

Claude Monet
nymphéas

HAZAN

Conception graphique : Brigitte Monnier/Visuel Design
Réalisation : Muriel Lefebvre
Coordination : Valérie Graftieaux
Correction : Antoine Hazan
Fabrication : Frédérique Cadoret
Photogravure : Graphic Service, Milan APS/Chromostyle, Tours
Impression : Mame, Tours, France
Printed in CEE

ISBN 2 85025 676 5

Crédits photographiques :

Bâle, Riehen, Fondation Beyeler : 88-89 a ; Bâle, Öffentliche Kunstsammlung/photo Martin Bühler : 81 a ; Boston, Museum of Fine Arts : 33, 40, 42, 56 ; Canberra, National Gallery of Australia : 65 a ; Cardiff, National Museums and Galleries of Wales : 41 a, 47 ; Chicago, © 1998, The Art Institute of Chicago. All rights reserved : 32 ; Cleveland, © The Cleveland Museum of Art : 92 ; Cologne, Rheinisches Bildarchiv : 67 ; Dallas Museum of Art : 37 b, 49 a ; Essen, Museum Folkwang : 72-73 ; Honolulu Academy of Arts : 75 ; Izumi, Kuboso Memorial Museum of Art : 45 ; Kansas City, The Nelson-Atkins Museum of Art : 93 ; Kurashiki, Ohara Museum of Art : 41 c ; Le Havre, Musée André Malraux : 38 ; New York, © 1998 The Museum of Modern Art : 69, 82, 88-89 b ; New York, courtesy Sotheby's : 28 a, 74 ; Okayama, Benesse Corporation : 60-61, 76-77 ; Paris, Galerie Larock-Granoff/photo Serge Veignant : 58 b, 71, 87 ; Paris, Giraudon : 28 b, 44, 54, 57, 66, 68, 81 b, 83 ; Paris, Muriel Lefebvre : 4 ; Paris, RMN : 100-101, 104-105, 106-107, 108-109 b, 113-114-115 ; Philadelphia Museum of Art : 30 ; Pittsburgh, Carnegie Institute : 97 ; Rome, Galleria Nazionale d'Arte Moderna/photo Giuseppe Schiavinotto : 29 ; Saint Louis, The Saint Louis Art Museum : 92-93 ; San Francisco, Fine Arts Museums of San Francisco : 52 ; Tokyo, Bridgestone Museum of Art : 37 a ; Tokyo, Gallery Itsuraku Co.,Ltd. : 46 ; Tokyo, Galerie Nichido : 49 b ; Tokyo, National Museum of Western Art : 62 ; Washington, © 1998, Board of Trustees, National Gallery of Art, Washington : 31 a ; Winterthur, Kunstmuseum : 63 ; Zurich, © 1999 by Kunsthaus Zürich. Tous droits réservés : 86, 96 ; Zurich, Fondation E. G. Bührle : 94-95. Les illustrations non créditées proviennent du fonds de l'éditeur ou de collections particulières.

Sommaire

INTRODUCTION

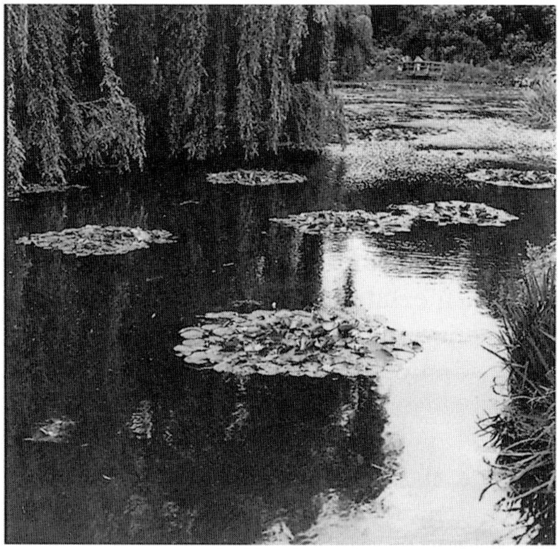

Une expérience limite

Monet ne sait pas au juste où il s'engage, l'hiver 1893, quand il entreprend d'aménager en bordure de sa propriété de Giverny, à l'extrémité du jardin de fleurs qui jouxte la maison familiale, un « jardin d'eau » – à vrai dire, un simple bassin franchi par un petit pont, dans un fouillis d'arbres et d'arbustes –, où il commence à cultiver dès l'été suivant (nous apprend un de ses proches, le romancier Octave Mirbeau) « des nymphéas merveilleux et de féeriques iris du Japon ».

À cinquante-trois ans, le pionnier de l'impressionnisme a derrière lui un œuvre immense – pas moins de 1 300 tableaux –, et, avec le temps, la gloire et sa compagne, la fortune, lui sont venues. Son art a évolué. L'esthétique de l'instant, de la sensation et de la notation fugitives, où il a jadis donné sa mesure, le laisse aujourd'hui insatisfait : « L'instantanéité, les choses faciles venues d'un jet me dégoûtent... », avouait-il peu de temps auparavant. Le genre même qu'il a, plus que tout autre, remis à neuf – le paysage, avec ses formats spécifiques, ses « motifs » bien cadrés, sa « fuite » en perspective, son indispensable horizon... – lui révèle ses limites, et il aspire à le réinventer en profondeur, à le ressourcer au contact direct des éléments, dans une vision moins tributaire des contingences de temps et de lieu, plus totale aussi, embrassant non seulement l'aspect des choses, les avatars des formes et des tons sous l'effet changeant de la lumière, mais leur action globale sur le spectateur, une action diffuse, pénétrante, une action qui se prolonge en communion.

C'est cette insatisfaction qui l'entraîne, depuis une douzaine d'années, dans différentes voies nouvelles, souvent explorées simultanément : recherche de paysages qui le confrontent à des problèmes inédits – les rivages de la Méditerranée, la Bretagne, la vallée de la Creuse, bientôt la Norvège sous la neige et les brouillards colorés de Londres... ; « essais de figures en plein air » où paysage et personnages semblent échanger leurs propriétés ; « choses impossibles à faire », tant elles excluent toute formule banale, comme ce motif évoqué dans une lettre de 1890, dont il tire de grandes toiles sans horizon : « de l'eau avec des herbes qui ondulent dans le fond, c'est admirable à voir, mais c'est à rendre fou de vouloir faire cela... » ; enfin, la vaste et méthodique entreprise des « séries » – meules, peupliers, cathédrales..., déclinés au fil des heures dans leurs « états » successifs –, qui vise à incorporer au paysage l'expérience vécue de la durée.

Au premier abord, le bassin aux nymphéas reste en marge de cet effort. À croire ce qu'en dit Monet dans une lettre contemporaine de son creusement, ce n'est qu'un embellissement, « une chose d'agrément et pour le plaisir des yeux ». Mais il ajoute : « et aussi [...] un but de motifs à peindre », et l'accessoire vient se rattacher à l'essentiel. Car à travers ces « motifs à peindre », c'est tout un paysage qui se cherche, tout un rapport à l'espace, tout un agencement du réel. Une organisation plus synthétique, un sens accru de la continuité spatio-temporelle, un sentiment de proximité, et, mieux, d'intimité, entre paysage et spectateur : tels sont les enjeux de cette période critique ; tels aussi les objectifs de la création du jardin, même si Monet n'en est pas pleinement conscient. La pièce d'eau, son écrin de verdure, les nymphéas à sa surface, le fameux pont vert (où tous les visiteurs reconnaissent un modèle japonais), le sentier qui, littéralement, introduit le promeneur dans le paysage, ne forment pas seulement un beau spectacle, à considérer à distance comme un tableau : ils déploient dans l'espace une structure complexe et changeante, une « œuvre ouverte » – au hasard, aux rythmes naturels, au passage du temps, au spectateur-promeneur qui s'y plonge et fait varier les perspectives au gré de sa déambulation.

C'est le propre de l'art des jardins de relever à la fois de la peinture, dont il s'inspire toujours plus ou moins, et de ces formes « totales » – prenant en compte l'espace du spectateur et impliquant son intervention active – qu'on qualifie aujourd'hui d'« environnements ». Dans cette configuration associant les pouvoirs de la peinture à la pleine appréhension de l'espace, Monet trouve un modèle dont la transposition est pour lui un défi permanent. Aussi va-t-il vivre l'expérience avec une passion singulière, dépensant son temps et son énergie à composer et recomposer son jardin, venant à bout de tous les obstacles (ses démêlés avec les paysans du voisinage, qui prétendaient l'empêcher de détourner l'eau d'un ruisseau, sont dignes d'une nouvelle de Maupassant), et finissant par engloutir une fortune dans ce qu'un visiteur qualifie joliment de « fantaisie digne d'un fermier général de l'Ancien Régime ».

Il y trouve encore autre chose : une construction idéale, ramassant à sa portée ce qu'il a longtemps poursuivi d'un site à l'autre, un condensé des propriétés et des éléments qu'il privilégie dans la nature et s'est donné pour but d'exprimer : l'incertitude, la contingence, la fluidité... ; l'eau, le ciel, les reflets, les nuages, le désordre végétal, tout ce qui nie la forme fixe, tout ce qui exalte l'action de la lumière... Un patient travail d'élagage et de recomposition préside à leur invisible mise en scène. Par la place de l'eau et des reflets, l'ondoiement des touffes de nymphéas, l'enchevêtrement des arbres aux branches souples, au feuillage soyeux ou pailleté, par le tracé sinueux de la pièce d'eau et du sentier qui la ceint, par un traitement de la couleur tout en nuances – à l'opposé de celui du jardin de fleurs, découpé en carrés éclatants –, Monet cultive les effets de fluidité et la sensation d'immersion qu'ils favorisent. Chaque jour, un jardinier affecté à l'entretien du bassin élimine les feuilles mortes, éclaircit les touffes de nymphéas, les disperse selon un rythme savamment aléatoire. Tout un monde aux assises flottantes se retrouve en miniature dans ce plan d'eau où les îlots de nymphéas tremblent parmi les reflets du ciel et des arbres.

Au fanatique du travail d'après nature qu'est Monet, cette concentration dans un espace resserré et épuré va permettre d'aiguiser toujours plus ses observations, de leur ajuster toujours mieux son répertoire pictural. Désormais, la volonté d'approfondir les acquis prévaut sur l'appétit de variété. Les voyages et leurs moissons si diverses ont fait leur temps : encore quelques années, quelques séries, la longue suite des *Vues de la Tamise* qui se prolonge jusqu'en 1904, et l'horizon du peintre se referme sur son microcosme privé. Mis à part une escapade à Venise en 1908, Monet ne quitte pratiquement plus Giverny, ne peint pratiquement plus que le jardin d'eau. Au bord du bassin, rivé à son chevalet tout au long de la belle saison, il « pioche » (un de ses maîtres mots). De ce motif unique, dont il ne retient à certains moments que d'infimes fragments, il va tirer entre sa soixantième année et sa mort quelque trois cents toiles, dont plus de quarante de très grand format, sans compter des dizaines d'autres qu'il détruit. Poussé par sa logique intérieure, obsédé par le désir de « progresser » (encore un de ses mots), il relance d'année en année les questions qu'il se pose et les réponses qu'il y apporte. L'intensité de la recherche est comme fouettée par l'étroitesse du terrain où elle s'exerce.

Ce processus de concentration et cette faculté de rebondissement continu, joints à l'ampleur matérielle d'une entreprise qui finit par se confondre avec la vie – près d'un septième de l'œuvre entier, la moitié à partir de 1895, les deux tiers après 1900, la quasi totalité à partir de la Grande Guerre –, donnent au cycle du jardin d'eau (ou, comme on dit plutôt, des *Nymphéas*, bien que certains tableaux, comme les derniers *Ponts japonais,* fassent peu de place aux nymphéas proprement dits) une position unique et fondamentale. Bien plus que la dernière en date des grandes séquences qui jalonnent l'œuvre de Monet, c'est l'aboutissement et le dépassement de sa dynamique, en quelque sorte son passage à la limite. On assiste à la radicalisation d'une évolution qui a lentement déplacé le centre d'intérêt du tableau depuis son sujet, si suggestif soit-il, jusqu'aux phénomènes de la lumière et au pur mécanisme de la vision, et plus largement de la saisie du réel : le jardin est moins traité comme un motif en lui-même (ce qu'il est *aussi*) que comme la quintessence des autres motifs et des conditions de tout motif. L'effort suprême du peintre porte sur des réalités de plus en plus impalpables, de plus en plus fuyantes. Monet a lui-même décrit ce « travail de galérien » : « Fixer à la volée ce qui passe, ou en donner du moins la sensation, est déjà terriblement difficile quand le jeu de lumière et de couleur s'attaque à un point fixe [...]. Mais sur cette chose mobile et toujours en voie de transformation qui est l'eau, quel problème... » C'est cette quête de l'insaisissable, soutenue par un implacable désir de perfection, qu'il appelle « l'impossible ». Elle confère au temps des *Nymphéas* une tonalité à la fois utopique et obsessionnelle : « Ces paysages d'eau et de reflets sont devenus une obsession. C'est audelà de mes forces de vieillard, et je veux cependant arriver à rendre ce que je ressens... », confie Monet, avec une précision presque clinique, dans une lettre de 1908. Sa correspondance et les récits de ses familiers nous ont transmis la chronique de sa longue fuite en avant, portée par des poussées d'énergie, coupée de régressions, de phases d'impuissance, de crises de désespoir, et qui ne prend fin qu'à sa mort.

1897-1900 : les intuitions fondatrices

La route est donc en zigzags ; le voyageur se tourmente, s'exalte, avance, s'arrête, repart... Simples aléas de la création ! Si Monet, sur le moment, ne comprend pas toujours où il va, s'il semble souvent écrasé par sa tâche, l'itinéraire qu'il suit tant bien que mal se révèle après coup stupéfiant de rectitude. Sans un témoignage formel et dûment daté, on aurait peine à croire que le terme en a été anticipé dès l'abord. Or le fait est là : après une phase où le sujet ne l'occupe apparemment guère, Monet, en l'espace de quelques mois, arrête tour à tour, et dans leur forme quasi définitive, les grands partis qui vont le guider jusqu'à la fin.

Pendant les quatre ans qui suivent la création du jardin, les arbres poussent, les nymphéas s'étoffent, mais l'expérience des séries garde la priorité : les *Cathédrales de Rouen* sont contemporaines des premiers travaux, puis viennent des vues de l'église de Vernon, une suite de paysages de Norvège, les *Falaises*, les *Matinées sur la Seine*... Ce faisant, sans rien en dire, Monet fait l'apprentissage de son nouveau sujet. « J'ai mis du temps à comprendre mes nymphéas, racontera-t-il. Je les avais plantés pour le plaisir ; je les cultivais sans songer à les peindre... Un paysage ne vous imprègne pas en un jour... » De fait, entre 1893 et 1897, il peint à peine trois vues du bassin (p. 28, en haut). Puis « tout d'un coup », de son propre aveu, il a « la révélation » de ce qu'il cherchait obscurément.

Ces souvenirs se recoupent avec ce que nous apprend presque par hasard un reportage publié en 1898. Son auteur, Maurice Guillemot, avait rencontré Monet à Giverny l'été précédent. Il rapporte les confidences du peintre, décrit son cadre de vie et ses méthodes de travail. « Tout l'argent que je gagne passe à mon jardin... », lui avoue Monet avant de l'entraîner au bord de la pièce d'eau. Là, devant la surface ponctuée de nymphéas, les deux hommes causent longuement. Et voici ce que Guillemot a retenu :

« [...] L'oasis est charmante de tous ces modèles qu'il a voulus : car ce sont des modèles pour une décoration dont il a déjà commencé les études, de grands panneaux qu'il me montra ensuite dans son atelier. Qu'on se figure une pièce circulaire dont la cimaise, en dessous de la plinthe d'appui, serait entièrement occupée par un horizon d'eau taché de ces végétations, des parois d'une transparence tour à tour verdie et mauvée, le calme et le silence de l'eau morte reflétant des floraisons étalées ; les tons sont imprécis, délicieusement nuancés, d'une délicatesse de songe... »

Ainsi, dès l'été 1897, et sans que rien, auparavant, n'ait laissé présager cette invention surgie tout armée, Monet imagine ce qui sera à peu de chose près, mais trente ans plus tard, son dernier mot : un décor circulaire enveloppant le spectateur à la façon des panoramas de l'époque, une bande de peinture se déroulant au niveau du sol et ne montrant de haut en bas que de l'eau, à peine animée par la modulation des tons diaphanes et les accents épars des nymphéas. « Un tout sans fin, une onde sans horizon et sans rivage… », dira-t-il encore quand il évoquera plus tard son idée. Celle-ci ne paraît pas avoir de destination précise : un salon, une salle à manger ? Monet, semble-t-il, mentionnera les deux hypothèses ; en tout cas, un lieu privé, peut-être à son propre usage. Quoi qu'il en soit, il convient de rattacher ce projet à la floraison de décorations d'intérieurs qui mobilise, depuis les années 1870, les peintres d'avant-garde de sa génération, comme Whistler ou Redon, et plus encore de la suivante, comme Vuillard et ses camarades nabis. Ce qui distingue avant tout ces réalisations, surtout les dernières, et qui les apparente au projet de Monet, c'est – dans le rêve général de « synthèse » qui hante cette fin de siècle – leur traitement unifié de l'espace, où chaque élément vient s'harmoniser avec le tout. Mais Monet va plus loin, non seulement parce qu'il conçoit un décor ininterrompu, « enveloppant toutes les parois de son unité », mais par le choix même du sujet, l'eau, milieu uni par excellence, et par son traitement en une coulée indifférenciée. L'objectif ultime de la création du jardin se dévoile. Au continuum naturel répond le continuum pictural, lui-même prolongé en fusion avec le spectateur, dont la pensée, sans prise sur cette matière informe, fera place à une vague rêverie. Bien plus, un phénomène d'imprégnation inconsciente doit l'investir jusque dans son corps. Citons encore Monet : « Les nerfs surmenés par le travail se seraient détendus là, selon l'exemple reposant de ces eaux stagnantes, et, à qui l'eût habitée, cette pièce aurait offert l'asile d'une méditation paisible au centre d'un aquarium fleuri… »

L'avancée conceptuelle est saisissante ; pourtant, elle reste sans suite immédiate. Comme s'il n'était pas prêt à en tirer les conséquences, Monet s'en tient aux « études » signalées par Guillemot, de « grands panneaux » cadrés à même l'eau, dont l'exécution ne se poursuit guère au-delà de 1897 (Daniel Wildenstein a proposé de les identifier dans plusieurs toiles sans date, dont deux au moins [p. 29] sont antérieures à 1914 et probablement beaucoup plus anciennes). Et il enchaîne, après un temps d'arrêt, sur une formule nouvelle, où la même expérience s'exprime en substance, mais dans un tout autre registre et par des moyens bien différents (p. 30-33). Ce que la décoration aurait traduit par le vide – la plongée physique et mentale dans l'intimité de la nature que le visiteur du jardin vit en raccourci –, les *Bassins aux nymphéas* (une vingtaine de toiles réparties en deux séries, la première en 1899, la seconde, un peu différente, l'été suivant) le traduisent par le plein. S'ils embrassent un champ plus large et surtout plus dense – le bassin couvert d'un tapis de nymphéas, le pont qui l'enjambe, les rives touffues, les formes serrées d'un rideau d'arbres… –, ils n'ont pas plus d'horizon que les panneaux de 1897 et taillent dans la masse végétale comme ceux-ci taillaient dans le plan d'eau. La saturation de l'espace aboutit à un effet de diffusion analogue. L'écran de verdure vertical se poursuit sur le miroir horizontal du bassin, où les touffes de nymphéas ont tendance à se fondre avec lui. Le ton sur ton des feuillages, la texture compacte, l'éclairage égal neutralisent la perspective et font obstacle à la focalisation du regard. Même la charpente géométrique du pont ne fait que se surimprimer à un magma vert.

Dans les deux cas, on est au cœur des éléments, là les « eaux stagnantes », ici l'obscure croissance du végétal. Deux formes de la même réalité primordiale, deux modalités de la même intime expérience, chacune avec ses associations et ses états affectifs. D'un côté, la dérive dans l'illimité, peut-être le glissement vers la mort, peut-être une remontée vers l'indétermination du premier âge ; de l'autre, un sentiment étouffant, la torpeur plutôt que la paix, un tâtonnement dans une matière humide et épaisse, à mi-chemin du remous végétal d'un Fragonard (lors de la première exposition des *Bassins*, en 1900, certains critiques évoquent les peintres rococo français) et de la jungle du Douanier Rousseau. À peine quelques coins de ciel viennent-ils aérer la seconde série, moins statique que la précédente. « On sent la vie souterraine, au fond des étangs ; la croissance touffue des racines, l'emmêlement des tiges dont les bouquets massés à la surface ne sont que l'épanouissement... », observe en termes inspirés Émile Verhaeren dans un article sur l'exposition de 1900. Et tandis que la plupart des commentateurs parlent superficiellement de fraîcheur, de grâce, de féerie..., le grand poète salue le sentiment « grave » de cet art où « la nature totale est évoquée ».

Deux options, donc, pour dire l'immersion dans la nature « totale », deux partis dont l'intuition s'impose après une assez courte gestation, et qu'un travail de trente ans va développer à l'infini sans y apporter de transformation majeure. Le premier sera de loin le plus fécond : après un ensemble de « paysages d'eau » où la nappe sans bords vient s'ajuster à des compositions fragmentaires, il s'accomplit dans un grand programme mural, qui reprend le dispositif imaginé dès l'origine en l'amplifiant et en l'enrichissant. Le second ne resurgira que plus tard et de façon sporadique, mais avec une intensité à la mesure de sa profondeur.

1903-1909 : les « Paysages d'eau »

Les Nymphéas : Séries de Paysages d'eau est le titre donné par Monet à l'exposition qui regroupe en 1909 le meilleur de sa production récente, consacrée depuis six ans au seul jardin d'eau (si l'on l'excepte les dernières vues de Londres et quelques natures mortes isolées). Monet s'est souvenu de Courbet intitulant *Paysages de mer* certaines de ses marines, où la mer tenait une place démesurée par rapport aux normes du genre. Mais alors que Courbet laissait un large espace au ciel et n'écartait pas tout à fait la terre, l'eau envahit en totalité les nouveaux tableaux de Monet. Cette révolution s'est opérée en deux ou trois ans. Les rares exemples conservés des premières années (datés de 1903 et 1904 mais peut-être précédés par d'autres, détruits) se partagent en deux variétés : certains (p. 37-39) maintiennent une bande de terrain en haut de la toile, tout en supprimant la rive en bas et sur les côtés ; d'autres (p. 37, en haut) ne retiennent qu'une branche de saule suspendue au premier plan, dernier rappel direct de la terre ferme. Il y a en outre en 1905 un bref retour au motif des *Bassins aux nymphéas*, mais sans lendemain : les « paysages d'eau » ont dès lors trouvé leur formule – l'eau « sans horizon et sans rivage » couvrant la toile de haut en bas, et, sur cette étendue neutre, les taches colorées des reflets et des nymphéas. Monet a refait pas à pas le chemin qu'il avait franchi d'un bond, mais en pensée, dans le projet de 1897, et vérifié son intuition par un apprentissage concret.

Ce qui est nouveau (bien qu'annoncé par les « études » mentionnées par Guillemot), c'est qu'il ne cherche plus à transposer le continuum naturel dans un panorama continu. Les « paysages d'eau » sont de simples tableaux de chevalet n'excédant pas un mètre de côté, et chacun ne représente qu'une parcelle du bassin. Par ailleurs, ils restent conformes au système des séries, qui a certes pour effet d'instaurer une continuité d'une toile à l'autre, mais une continuité temporelle et non spatiale : l'ensemble s'organise par groupes annuels, dont chacun tend à répéter la même structure, l'éclairage et les couleurs variant avec l'heure et le temps.

Il y a donc fragmentation, mais si manifeste, en contradiction si flagrante avec le contenu indéfiniment extensible de chaque fragment, que celui-ci postule paradoxalement le tout dans lequel il est prélevé. Cette dialectique du tout et du fragment est familière à Monet, qui suggère volontiers par des « gros plans » au cadrage abrupt un vaste espace au-delà du motif. De surcroît intervient ici le caractère de microcosme du jardin, réfléchi et intensifié par ses représentations : images concentrées d'un paysage qui est lui-même une image concentrée de l'univers, les « paysages d'eau » sont autant de modèles réduits d'une totalité ramenée à l'essentiel. Loin de faire obstacle à la conscience du continuum, la fragmentation apparaît simplement comme une autre façon de la provoquer.

L'eau, donc, et sa mouvante vêture, comme figure de la nature qualifiée par ses propriétés premières, aux yeux du contemporain de Bergson et de Proust qu'est Monet : la contingence et la fluidité. Le spectateur, dépossédé de son pouvoir de contrôle par une vision extraordinairement rapprochée, est projeté dans un milieu sans limites logiques, sans repères stables, sans autres corps solides que des feuilles et des fleurs. Une fois les derniers points d'ancrage éliminés, le spectacle devient presque immatériel. Le seul tableau daté de 1903 dont on soit sûr qu'il n'ait pas été repeint par la suite (p. 37, en bas) est encore très descriptif ; certains détails sont d'un fini presque photographique. Moins minutieux, les tableaux de 1904 (p. 38-39) sont travaillés dans une pâte épaisse, avec une touche différente selon qu'elle s'applique aux reflets, aux broussailles ou aux nymphéas. Puis (p. 40-49) l'image se fait de plus en plus synthétique, l'exécution de plus en plus fluide – « à fleur de toile », dit le critique Louis Gillet. Les couches multiples et les repentirs des premières années disparaissent quasiment à partir de 1906 ; « la peinture, dit encore Louis Gillet, n'est plus qu'une essence, un soupir... ». Simultanément, la composition semble se volatiliser : des tracés flottants, des ébauches de formes, çà et là les volumes plus précis des fleurs de nymphéas, conjugués à des plages de couleur aux contours flous, correspondant aux reflets du ciel, des nuages, des masses confuses des arbres... Pas de centre ni de hiérarchie repérable : « Le peintre, constate un autre critique, Roger Marx, s'est délibérément soustrait à la tutelle de la tradition occidentale ; il ne cherche pas les lignes qui pyramident ou qui concentrent le regard sur un point unique ; le caractère de ce qui est fixe, immuable, lui semble contradictoire avec le principe même de la fluidité ; il veut l'attention diffuse et partout répandue... » De la mathématisation qui présidait, depuis la Renaissance, à la représentation du réel, ne subsiste qu'une sorte de grille à géométrie variable, dont les verticales épousent les reflets des arbres et les horizontales les îlots de nymphéas : non un quadrillage imposé de l'extérieur à la nature, mais, mêlé au sentiment de son inconstance, celui de ses équilibres permanents.

À bien des égards, Monet ne fait que pousser au paroxysme son offensive ancienne (et nullement isolée) contre quatre siècles de rationalisme en peinture. Mais à tous les procédés expérimentés par le passé, les *Paysages d'eau* ajoutent une vraie trouvaille, qui parachève la désintégration de l'espace pictural traditionnel. Le prétexte en est pourtant « réaliste » : les phénomènes optiques hétérogènes provoqués par le voisinage sur un même plan d'objets réels (les nymphéas) et de reflets (le ciel, les nuages, les arbres). D'une part, les nymphéas disséminés sur le bassin interrompent au hasard la continuité des reflets. De l'autre, le bassin se trouvant en contrebas et les « vrais » arbres face au spectateur, le paysage reflété se présente à celui-ci renversé, le ciel à ses pieds. La taille des nymphéas décroît donc vers un premier point de fuite, et les reflets intermittents dessinent une seconde perspective, en sens opposé. À vrai dire, rien de plus naturel, mais, de ce spectacle banal, le cadrage, qui ne retient que le miroir d'eau et rejette hors champ ce qui s'y reflète, fait un patchwork fantastique, un kaléidoscope où des miettes de réalité entrent tête-bêche en collision. Pour qui s'y trouve confronté sans préparation – même un connaisseur comme Roger Marx parle de « surprise désorientée » –, ce brassage d'espaces n'est pas moins déroutant que celui que les futurs cubistes commencent alors à imaginer : les plus audacieux des *Paysages d'eau*, des peintures de 1907 d'une verticalité vertigineuse (p. 44-46), sont exactement contemporains des *Demoiselles d'Avignon*.

De fait, le public se montre sensible au puissant effet de dépaysement de ces étranges micro-paysages. Quelques critiques de l'exposition de 1909 disent le trouble et les fantasmes qu'ils leur inspirent ; la plupart se contentent d'en évoquer la poésie. On cite Verlaine, Maeterlinck, Debussy... Une génération nourrie de rêveries symbolistes se délecte à cet art d'allusion et d'illusion, où, dit Roger Marx, « la certitude devient conjecture », où « l'énigme du mystère ouvre à l'esprit le monde de l'illusion et l'infini du rêve... ». Pourtant, rares sont ceux qui n'y voient qu'évasion dans l'idéal. C'est bien plutôt une « hyperesthésie », une acuité sensorielle presque surhumaine au service de la plus ardente attention, qu'on décèle dans ces collections d'effets insolites, mais réels. Ou encore (selon la belle analyse de Pierre Mille, un des meilleurs commentateurs de l'exposition) une « sensibilité primitive », une forme de réceptivité naïve restée vivante sous la plus riche expérience, « cette merveilleuse et délicate impression, qu'on n'éprouve que lorsqu'on est enfant – à moins d'avoir du génie –, de ne voir que ce qu'on regarde, sans savoir, par raisonnement d'abord et puis par habitude, qu'il y a d'autres choses tout autour qui les expliquent en les rapetissant... ».

Monet est d'ailleurs le premier à revendiquer l'objectivité des *Paysages d'eau*. « Ne me prêtez point les détours de desseins chimériques, déclare-t-il à Roger Marx, ces toiles [...] ne doivent rien qu'à la collaboration de la solitude et du silence, rien qu'à une attention fervente, exclusive, qui touche à l'hypnose... » Mais y a-t-il si loin de cette forme d'observation à ce que d'autres appellent imagination ou poésie ? Là encore, Monet pourrait se référer à Courbet : « L'imagination dans l'art consiste à savoir trouver l'expression la plus complète d'une chose existante, mais jamais à supposer ou à créer cette chose même [...] », avait écrit cet immense poète du réel ; « l'expression du beau est en raison directe de la puissance de perception acquise par l'artiste ». Monet convient au demeurant que sa perception du réel ne se limite pas à « l'impression recueillie par la rétine » et met en œuvre sa sensibilité la plus profonde : « C'est pour avoir retrouvé et laissé prédominer les forces intuitives et secrètes que j'ai pu m'identifier avec la création et m'absorber en elle... »

C'est aussi par une intention réaliste – forger un vocabulaire approprié à l'évanescence du motif – que la critique s'attache à rendre compte des partis formels les plus singuliers, que ce soit les perspectives contradictoires, l'apparent flottement des mises en page, ou ce que plusieurs auteurs appellent « abstraction », autrement dit une extrême épuration. Ainsi, le chroniqueur du *Gaulois*, Jean Morgan, rapporte-t-il directement le processus de simplification de la vision, qui va « se limitant au minimum de réalités tangibles », à son but, qui est d'« amplifier, magnifier, en quelque sorte, l'impression de l'impondérable ». À juste titre : « rendre » ce qu'il voit et ce qu'il sent est l'objectif premier de Monet, le seul déclaré et peut-être le seul conscient. Reste qu'il n'est jamais allé plus loin dans l'exploration de la forme pure qu'avec ces dizaines de variations sur une structure minimale, à partir de laquelle il s'est ingénié à renouveler les combinaisons : harmonies et contrastes de tons, contrepoint des reflets et des nymphéas, ambiguïtés et tensions entre deux espaces, l'un profond et l'autre plan, mise en rapport de l'organisation interne et des formats des tableaux (en largeur, en hauteur, carrés et même ronds)... Un critique au moins, Louis Gillet, s'est avisé de cette gymnastique intellectuelle dont la dynamique va de toute évidence au-delà du « rendu » de l'impression : « Il n'y a plus ici, écrit-il, que le jeu des facultés imaginaires, la simple combinaison des formes pour le plaisir... »

Et Monet « pioche ». Il y a les jours fastes et les jours stériles, les tableaux en sursis, les tableaux brûlés ou crevés à coups de pied... « Un jour, une heure, cela a l'air de marcher, le lendemain, c'est fini... », raconte sa femme consternée. « Cela » n'en finit pas parce que « cela » est par définition sans fin. L'impression pourrait être toujours plus fine, l'économie du tableau plus efficace ; au mieux, Monet entrevoit des « progrès ». Après l'éblouissante série de 1907, il écrit à Durand-Ruel : « Ce sont toujours des tâtonnements et des recherches, mais je crois qu'il y a du mieux... » ; l'été suivant, il écrit à Gustave Geffroy : « J'espère que de tant d'efforts, il sortira quelque chose... » En réalité, il ne progresse plus, il piétine. La combinatoire des *Paysages d'eau* est peut-être inépuisable mais le progrès, le vrai, ne peut venir que d'un nouvel élan.

En 1909, à la faveur d'un voyage à Venise qui l'oblige à prendre du recul, il se décide, sinon à finir, du moins à marquer un arrêt. L'exposition plusieurs fois différée a enfin lieu, les toiles se dispersent... Monet parle de se remettre au travail mais les peintures suivantes sont des paysages vénitiens, puis c'est un long désert, la mort de sa femme, une cataracte qui se déclare en 1912... Entre 1909 et 1912, pas une vue du bassin (et pratiquement pas un tableau en dehors des vues de Venise). En 1913, une résurgence épisodique : trois vues isolées de l'embarcadère couvert de roses. La veine des *Nymphéas* semble tarie à jamais. Sur quoi, au printemps 1914, tout repart.

1914-1918 : la bataille de Giverny

En 1911, il se disait « perdu, fini » ; l'année suivante, malgré le triomphe des vues de Venise, il confirme : « Le peintre est bien mort... » Tout le voue en effet à une sorte de mort vivante : l'âge, le deuil, le sentiment d'avoir vidé son sac, enfin, suprême blessure, sa vue, le trésor du peintre, altérée et menacée. Les coups se succèdent ; après sa femme, c'est son fils aîné qui meurt en février 1914... Et voici que trois mois plus tard, à la veille de la guerre, il affirme se porter « à merveille » et se dit « obsédé par le désir de peindre ». Encore un mois et le voilà « en plein travail ». L'été se passe « en pleine fièvre de travail », à peine interrompue par la déclaration de guerre et l'invasion. Quelques lignes de janvier 1915 servent d'acte de baptême à l'aventure où il vient de se lancer : « Je poursuis mon idée de grande décoration. C'est une bien grosse chose que j'ai entreprise, surtout à mon âge, mais je ne désespère pas d'y arriver, si je conserve la santé... » La « grande décoration » (ou, au pluriel, les « grandes décorations »), c'est ainsi qu'il désigne dorénavant son nouveau « travail ».

« Il s'agit, précise-t-il à son correspondant, de ce projet que j'avais eu, il y a longtemps déjà : de l'eau, des nymphéas, des plantes, mais sur une très grande surface... » C'est donc, par-delà les « paysages d'eau », un retour à son intuition première, au projet conçu en 1897 et apparemment abandonné (mais dont il confiait en 1909 à Roger Marx qu'il le « réaliserai[t] un jour »). Monet, raconte un visiteur de l'été 1915, « avait repris, sur une plus grande échelle, les impressions qu'il exposa, avant la guerre, sous la rubrique : *Nymphéas*. Il transportait ces impressions sur de vastes toiles d'environ deux mètres de hauteur sur trois à cinq mètres de largeur. Il en avait déjà couvert quelques-unes et il faisait construire un atelier tout exprès... » Immense – 15 mètres de haut, 276 mètres carrés... –, baigné de lumière, ressemblant plus (note avec justesse

Paul Tucker) au futur atelier d'un expressionniste abstrait qu'à celui d'un peintre du XIXe siècle, le nouvel atelier dit l'échelle et l'ambition du projet. Ce regain aussi formidable qu'imprévu ne peut s'expliquer que par la violence des chocs subis, par le sentiment d'urgence dont ils ont fini par saisir Monet, par la mystérieuse fécondité du désespoir, dont tant d'artistes éprouvent les ressources.

Voici donc qu'il retrouve un horizon, et quel horizon ! la forme totale, à l'image de la totalité naturelle, dont il a eu dix-sept ans plus tôt la révélation encore abstraite ; l'œuvre-somme qui va tout à la fois relancer l'expérience radicale des « paysages d'eau », l'élargir aux trois dimensions de l'espace, et y intégrer l'espace, le temps, le corps du spectateur. Et aussi le corps du peintre, que l'échelle magnifiée mobilise tout entier. « *Grand* travail », « *grandes* décorations », « *grandes* machines », « *grandes* choses »..., la tâche qui remet Monet en selle et redonne sens à sa vie est à l'évidence investie d'une intense signification, d'autant plus poignante qu'elle reste informulée. C'est une mission qui le soulève, et dont il pressent pourtant, à soixante-quatorze ans, le poids qu'elle va faire peser sur lui. Pour l'instant, l'heure est à l'optimisme et va plus ou moins le rester pendant cinq ans – malgré quelques « phases de complet découragement », notamment vers la fin de 1916. Monet en a presque honte, tant son entrain paraît contraster avec l'horreur de la guerre, mais lui aussi, à sa façon, livre bataille, et Clemenceau, son ami de jeunesse, qui l'encourage dans son grand dessein, lui fait comprendre que son effort est « partie intégrante des forces vives de la patrie ». Pendant toute la guerre et bien au-delà, il peint sans répit (à moins que l'état de sa vue ne le contraigne à s'interrompre), au bord du bassin pendant la belle saison, à l'atelier le reste de l'année.

En un sens, le travail d'après nature n'est que la suite des « paysages d'eau » : même sujet – l'eau et sa mosaïque de reflets et de nymphéas, à quoi s'ajoutent des études de fleurs et d'arbustes des rives –, même cadrage au cœur du motif, même brouillage des repères spatiaux, haut et bas, avant et arrière... Mais la technique et le format changent si radicalement que le spectateur croit lui-même changer d'univers. Les « paysages d'eau » ne dépassaient guère un mètre de haut et étaient souvent plus petits ; leur facture, bien que vive et elliptique, restait raffinée, leur apparence relativement « finie » (selon les critères assouplis de la fin du XIXe siècle). Brusquement, à partir de 1914, dimensions et exécution subissent un changement spectaculaire. Les nouvelles toiles (p. 53-71) mesurent pour la plupart entre un et deux mètres de haut, dont un fort contingent de carrés d'environ 2x2 m, et sont peintes dans un style d'esquisse presque brutal. Sur un fond sombre, balayé avec un gros pinceau, qui pose la dominante chromatique, tranchent les taches claires des nuages et des fleurs. Une calligraphie cursive – gribouillis, traînées, paraphes, plutôt que dessin au sens strict... –, intervient dans les toiles les plus poussées, soulignant une touffe sur la rive ou le contour de feuilles de nymphéas. Toute l'énergie retrouvée de Monet s'est imprimée dans ces pages véhémentes, où passe le mouvement de tout le bras, de tout le corps.

Dans une de ses rares déclarations sur l'œuvre de cette époque – rapportée après sa mort par le journaliste Thiébault-Sisson –, Monet évoque la mutation de sa manière autour de 1914, mais se borne curieusement à la présenter comme la conséquence directe de sa cataracte : en altérant sa sensibilité aux nuances, celle-ci l'aurait poussé à cultiver les effets d'ensemble – motifs traités « par grandes masses », « tons vifs isolés dans une masse de tons sombres... ». Trop limitée, et donc réductrice, l'explication a du moins l'intérêt de mettre en lumière un aspect central de la période qui vient de s'ouvrir : son recul par rapport à la réalité immédiate. Cette attitude – d'ailleurs amorcée depuis longtemps – se manifeste aussi bien par une autonomie accrue des valeurs formelles – qui, sans s'affranchir de leur fonction mimétique, s'affichent avec une autorité sans précédent – que par une plus grande liberté de l'imagination. Monet continue certes à peindre d'après nature, mais sur un mode résolument synthétique, où la mémoire et la rêverie viennent conforter, voire relayer, l'observation.

Au demeurant, ces études de plein air, qui ne sont ni signées ni datées (on les situe pour la plupart avant 1920 mais certaines doivent être plus tardives), ni destinées à la vente (sauf une toile vendue sur le tard et datée après coup de 1916 [p. 62]), ne sont elles-mêmes que des jalons sur la voie du grand projet, dont la relation avec le motif est encore plus lâche. C'est pour une part l'effet d'une contrainte, l'échelle des « décorations » – des « panneaux » accolés de 2 mètres de haut sur 3 à 6 de large (dans le vocabulaire de l'époque, « panneau » est synonyme de « tableau » et peut s'appliquer à des toiles sur châssis) – interdisant tout travail sur nature. Monet y travaille donc à distance, l'hiver, dans le huis clos de l'atelier, sans autre modèle que ses souvenirs et les pochades faites aux beaux jours, qu'il utilise en toute liberté et ne copie presque jamais telles quelles. Faisant de nécessité vertu, il met à profit l'éloignement du motif pour le recomposer à son gré, inventer de nouvelles combinaisons (notamment dans de beaux croquis d'album où les volutes et les reprises disent les dérives de l'imagination), laisser s'y infuser toute une nébuleuse d'impressions et d'affects.

La « grande décoration » sera donc à la fois le reflet fidèle et la libre transposition du sujet. Synthèse poétique d'un lieu et de tout lieu, résumé et aboutissement de toute une vie de peintre, elle sera au bassin de Giverny ce qu'une autobiographie poétique ou romanesque – *Les Contemplations* ou *À la Recherche du temps perdu* – est à la vie de son auteur. Il est suggestif que dans les mêmes confidences à Thiébault-Sisson, Monet ait tenu à révéler que son grand œuvre avait en quelque sorte absorbé un autre projet, celui-là directement autobiographique, et dont on conçoit que les *Nymphéas* aient eu vocation à le recueillir : « J'avais toujours eu l'idée, depuis ma soixantaine, de me livrer, dans chacune des catégories de motifs qui se sont partagé mon attention tour à tour, à une façon de synthèse où je résumerais dans une toile, parfois deux, mes impressions et mes sensations d'autrefois... » La lassitude des voyages aidant, il avait presque oublié ce projet quand une évidence s'impose à lui : « J'avais toujours aimé le ciel et l'eau, la verdure et les fleurs. Tous ces éléments se retrouvaient à foison dans mon petit étang... » Bref, la « façon de synthèse » qu'il avait rêvée existait déjà, en puissance. Restait à trouver la forme idoine, et c'est ici que la cataracte fait merveille en forçant Monet à synthétiser le motif, d'abord dans « une série d'impressions d'ensemble » – la formule convient parfaitement aux grandes études d'après nature –, puis dans l'ensemble mural proprement dit. Si l'on convient qu'ici encore, la cataracte n'a fait qu'accuser un phénomène bien plus ample, on retiendra de ces propos la charge d'« ailleurs » qu'ils font entrevoir dans la réalité du bassin, comme la distance qu'ils soulignent à l'égard de l'observation directe. La suite est encore plus explicite : « J'attendis que l'idée eût pris corps, que l'ordonnance et la composition des motifs se fussent peu à peu inscrites dans mon cerveau d'elles-mêmes, et le jour où je me sentis assez d'atouts [...], je me résolus à agir, et j'agis... » C'est donc bien un processus mental, avec tout ce qu'il suppose d'élaboration consciente et inconsciente, qui est à l'origine des grands *Nymphéas*. Et c'est encore par la médiation du « cerveau » que s'opère tout au long de leur genèse le filtrage et la recréation du réel.

Pourtant, ici comme dans les « paysages d'eau », Monet ne s'écarte de l'immédiateté réaliste (à vrai dire fort théorique) que pour mieux « s'identifier » en profondeur à la nature, comme il le disait à Roger Marx en 1909. Et si son écriture est aux antipodes d'un illusionnisme banal, s'il n'hésite pas à intervenir dans les couleurs et la disposition du motif, sa prodigieuse mémoire visuelle le garde de tout arbitraire. L'œil accoutumé à la réalité naturelle se retrouve chez lui dans les *Nymphéas*. Tout est juste, l'« impression d'ensemble » comme le détail de chaque forme, de chaque ton, de chaque effet lumineux. Mais c'est avant tout l'échelle et l'organisation de l'ensemble, la disposition panoramique, la hauteur supérieure à la taille humaine, le traitement « grandeur nature » des objets, qui favorisent la sensation et presque l'illusion du réel. Le vieux rêve de fusion entre espace pictural et espace vécu, qui avait inspiré le projet de 1897 comme la conception même du jardin, est devenu réalité.

Une fois encore, on est frappé du caractère définitif de l'idée première. La seule variante décisive ne fait qu'en renforcer le principe. L'article de Guillemot qui évoquait le projet initial précisait que la frise circulaire devait courir « *en dessous* de la plinthe d'appui », autrement dit du sol à une hauteur d'un mètre environ. Le spectateur aurait ainsi surplombé la scène comme il l'aurait fait depuis la rive. En multipliant par deux la hauteur, Monet abandonne cet effet de vraisemblance un peu naïf – on pense à la position « réaliste » de l'usager dans un vrai spectacle de panorama – pour nous faire intimement partager son expérience de l'illimité. Cette idée est un coup de génie. La perspective verticale du bassin se dresse face au spectateur, littéralement contre son visage. L'eau monte au-dessus de sa tête, jusqu'à la limite supérieure de la toile. Plus de position dominante ; c'est maintenant lui qui est dominé, submergé en même temps qu'encerclé.

L'essentiel du dispositif est fixé dès le départ. Le nouvel atelier permettant de déployer les toiles en ellipse pour simuler leur future présentation, Monet peut tout à loisir en vérifier l'effet enveloppant et multiplier les combinaisons. « Dans l'atelier vaste comme la scène vide d'un théâtre, rapporte un visiteur, l'artiste, devenu manœuvre, fait mouvoir les lourds chevalets à roulettes sur lesquels sont placés, presque au ras du sol, des panneaux en longueur. Je me trouve bientôt comme au centre d'un bassin enchanté [...] »

Deux séries de photographies, l'une de l'hiver 1915-1916, l'autre de novembre 1917, nous font suivre en partie le travail en cours. Dans la première, quatre toiles de 4,25 m, disposées bord à bord, déroulent le panorama familier de l'« onde sans horizon » ; en silhouette, au premier plan, des troncs et des branches de saules pleureurs rappellent la rive invisible, comme dans certains tableaux de 1903. On distingue encore une cinquième toile, ouvrant sans doute une autre séquence, dont la surface est toute striée par les bizarres reflets en lanières des feuilles de saules. Les deux séquences sont librement inspirées d'études d'après nature (p. 56-58 et 60). Dans la seconde série de photographies, on retrouve les mêmes toiles, retravaillées et différemment distribuées, mais aussi l'ébauche de plusieurs autres, associées en deux ou trois compositions : en tout une douzaine de panneaux, dont plusieurs très avancés. Au début de l'année suivante, Monet dit à Thiébault-Sisson qu'il en a fini huit sur douze et travaille encore aux quatre autres. Le terme paraît donc proche, mais, pas plus qu'en 1897, la destination n'est définie. Quelques mois plus tôt, des acheteurs américains se sont montrés intéressés, mais Monet, ne se sentant nullement prêt, a coupé court. D'ailleurs, qu'il avance ou pas, il entend procéder à sa guise, sans avoir de comptes à rendre à un client. Pense-t-il déjà à un décor public ? L'échelle de l'entreprise s'y prêterait assurément.

Cependant, la guerre s'achève ; Clemenceau, aux commandes depuis novembre 1917 (et qu'une visite à Giverny fin 1916 a « enthousiasmé »), conduit le pays à l'armistice. Et dans l'émotion de ce moment historique, où l'artiste solitaire est en pleine communion avec la patrie souffrante et glorieuse, Monet fait un geste symbolique : le lendemain même du 11 novembre, il annonce à son vieil ami son intention d'offrir à la France, par son intermédiaire, deux de ses « panneaux décoratifs ». « C'est peu de chose, mais c'est la seule manière que j'aie de prendre part à la victoire... » Deux seulement ? Qu'il craigne d'être indiscret en proposant la totalité, ou qu'il mesure encore mal la portée de son geste, cela ressemble à une demi-mesure, mais qu'importe, le mouvement est lancé, et Clemenceau, accouru à Giverny, le précipite : il convainc Monet d'étendre son don à la « décoration » tout entière. Celle-ci a trouvé son destinataire, le seul à sa mesure : la communauté nationale, et, au-delà, l'immense public de l'avenir. Mais avant que cette perspective ne se réalise, huit ans vont encore s'écouler, marqués par autant de tribulations que de développements nouveaux.

1918-1926 : La fugue finale

Dès avant la fin de la guerre, la marche commune des décorations et des grandes études d'après nature avait subi plusieurs interruptions. D'abord, après deux ans d'un train d'enfer, Monet avait été saisi par le doute et s'était lancé, vers les derniers mois de 1916, dans des transformations malheureuses de ses panneaux : « je n'en sors pas et suis d'une humeur de chien », écrivait-il un jour de cafard. Cette impasse momentanée, qui le ramenait aux affres des « paysages d'eau », n'avait rien d'étonnant vu l'extrême difficulté de sa tâche, et ne faisait que préluder à beaucoup d'autres. Plus révélateur est le changement qui survient dans le travail d'après nature, peut-être à partir de l'été 1917, à coup sûr à partir du printemps suivant. Suspendant en effet les monumentales études des dernières années, Monet engage deux nouvelles expériences auxquelles il attache visiblement un grand prix. Toutes deux renouent, chacune à sa façon, avec des modèles délaissés de longue date, mais redevenus d'actualité.

C'est tout d'abord une vingtaine de tableaux de chevalet formant un groupe très homogène (p. 72-76), qui, tout en conservant le système panoramique des décorations, y réintroduisent l'échelle et l'organisation spécifique de l'œuvre antérieur, et d'abord des « paysages d'eau ». Le motif est commun aux deux sources : l'habituelle étendue d'eau, de reflets et de nymphéas poursuivie jusqu'aux bords de la toile. Des « paysages d'eau » viennent la taille réduite et l'agencement en série, à partir d'une même composition répétée avec des variantes. En revanche, l'extrême horizontalité du format tout en largeur et les dimensions presque homothétiques de celles des panneaux décoratifs (1 mètre ou 1,30 mètre de haut sur 2 de large pour les peintures de chevalet ; 2 mètres de haut sur un peu plus de 4 de large pour la majorité des panneaux) renvoient indiscutablement à ces derniers. L'ensemble paraissant dater pour l'essentiel de 1918 mais la plupart des toiles étant restées à l'état d'ébauche, on peut supposer que Monet y a travaillé intensément cet été-là, puis en a été détourné par les suites de son offre de novembre à Clemenceau. Quoi qu'il en soit, et même si l'expérience reste passagère, il semble qu'on puisse y voir le signe d'une certaine frustration – la nostalgie du langage plus varié dont Monet disposait auparavant, et dont son repli sur l'ensemble décoratif a eu pour effet de le priver.

La seconde expérience est plus étendue dans le temps, donne lieu à une production plus abondante, et rompt radicalement avec l'univers des grandes décorations. Il s'agit encore de tableaux de chevalet, renouant comme les précédents avec l'œuvre antérieur à la guerre, mais renvoyant cette fois au modèle opposé, celui des *Bassins aux nymphéas*, restés sans descendance depuis les séries de 1899 et 1900. Quelques-uns (dont deux datés de 1917 et 1918) montrent un coin du bassin devant un pêle-mêle d'arbres et de plantes (p. 79). D'autres (pour la plupart datés ou datables entre 1918 et 1919) ont pour unique sujet un saule pleureur déployant sa ramure au bord de l'eau (p. 78). Le groupe le plus important (allant, semble-t-il, de 1918 aux toutes dernières années de

Monet) reprend directement le motif des premiers *Bassins* – le pont japonais, maintenant surmonté d'un exubérant arceau de glycines (p. 81-83). Ainsi tend à se reconstituer la polarisation qui s'était mise en place entre 1897 et 1900 : d'un côté l'eau, le vide, la dispersion ; de l'autre le végétal, l'espace plein à ras bord, le jour filtrant à travers des épaisseurs de feuillage. Le tout se chevauchant en désordre, comme sous l'effet d'un furieux retour du refoulé : « Je travaille de plus en plus, mais avec combien de peine ! [...] », lit-on dans une lettre de l'été 1918 ; « J'ai entrepris un tas de choses différentes sans pouvoir rien réaliser... »

Revoici donc, après une longue occultation, le foisonnement oppressant des *Bassins aux nymphéas*, mais dans un climat très différent, fébrile, orageux, qui tient à la compression dramatique de l'espace – excepté dans les *Coins de bassin*, où la perspective du premier plan fait reculer l'écran de verdure – et à l'exaspération de la facture et de la couleur. Ces peintures sont sans aucun doute les plus « expressionnistes » de l'auteur, et l'on comprend qu'elles aient fait grand effet sur les admirateurs de l'abstraction gestuelle quand elles furent révélées au public quarante ans plus tard. On conçoit aussi la stupeur d'un amateur raffiné comme le duc de Trévise, qui en découvre quelques spécimens lors d'une visite à Giverny en 1920 : « Il me montre de vastes et déconcertantes études, faites exprès, sur place, au cours de ces derniers étés : écheveaux de teintes parentes, qu'aucun autre œil n'eût débrouillées, bizarres assortiments de laines immatérielles... » C'est la même véhémence de touche que dans les récentes études d'après nature, rendue plus explosive par la réduction d'échelle qui la force à se concentrer. Quant à la couleur, souvent proche de la vision naturelle mais chargée d'émotion et riche en suggestions synesthésiques, elle s'enflamme et libère toute sa force pulsionnelle dans un certain nombre de *Ponts japonais*. Il est vrai que leur violence chromatique résulte en partie des troubles visuels de Monet, et des multiples traitements et interventions qu'ils nécessitent au lendemain de la guerre.

Les raisons de circonstance ne manquent pas pour expliquer la puissante sensation d'angoisse qui émane de bon nombre de ces tableaux, comme leur irruption même autour de 1918, puis au-delà. Deux au moins peuvent être avancées. En premier lieu, le tragique de la guerre. Malgré son isolement, Monet l'a profondément ressenti ; il a partagé au jour le jour les sentiments des Français, compati aux souffrances des soldats et de la population. Ce n'est certainement pas par hasard que le gros des *Saules pleureurs* – avec leur thème propice au pathétique – et sans doute les premiers *Ponts japonais* ont coïncidé avec les émotions collectives du printemps et de l'été 1918, quand la guerre de mouvement reprend après une interminable stagnation et que tout se joue en l'espace de quelques mois. En second lieu, il y a évidemment la menace de la cécité, qui s'était quelque peu relâchée après l'alerte de 1912, et qui revient en force à partir de 1919, contraignant Monet à se faire opérer trois ans plus tard. Il existe d'ailleurs une analogie entre l'espace bouché, la texture enchevêtrée des nouvelles vues du jardin, et le milieu obscur qu'un aveugle explore en tâtonnant. À tant de tumultes et de tourments, qui ne pouvaient trouver d'exutoire dans l'impassible miroir du bassin, la végétation des rives offrait son désordre et ses sombres profondeurs. Reste qu'au-delà du drame qui s'y joue, ces toiles expriment aussi, simplement, le besoin de toucher terre après un long abandon au vertige de l'immatériel. De plus, leur variété de sujets et de formats apporte une stimulante diversion à l'uniformité des grands panneaux : à eux seuls, les vingt-quatre *Ponts japonais* n'utilisent pas moins de dix formats différents !

Sans prétendre faire toute la lumière sur cette double résurgence – de la peinture de chevalet et de l'inspiration des premiers *Bassins* – venue perturber la priorité donnée au projet mural, on y lit en négatif les sacrifices que Monet s'impose à lui-même. Certes, il poursuit ce qui apparaît comme sa visée essentielle, mais au prix d'une épuration qui est aussi un appauvrissement. De là ce « tas de choses différentes » qui surgit en vrac autour de 1918, chargé d'un sens confus et pressant, et dont l'irruption va se répéter par intermittences, gagnant en violence sous l'effet des troubles visuels qui s'aggravent et de nouveaux sujets de tension.

L'œuvre final se distingue ainsi de celui des premiers temps de la guerre par son retour à un mouvement de fugue qui rappelle les séries entrelacées d'autrefois – la fièvre des *Ponts japonais* (et de fantastiques vues du jardin de fleurs, dont la palette effrénée porte la marque de la cataracte) alternant avec la paix lumineuse des grands *Nymphéas*. Peut-être, si Monet en avait eu le temps, les premiers auraient-ils fini par faire contrepoids aux seconds. En fait, ceux-ci prennent bientôt tant d'importance que l'autre veine reste forcément marginale. Monet entreprend encore des dizaines de tableaux de chevalet, il y travaille encore avec ardeur plusieurs étés, mais le meilleur de ses forces est désormais absorbé par le grand chantier.

Dès lors, en effet, que la destination en est arrêtée, ne fût-ce qu'en principe, le projet encore ouvert de 1914-1918 doit quitter sa relative indétermination. Il faut retenir une organisation et un emplacement définitifs, faire un choix parmi les panneaux qui s'accumulent, en peindre de nouveaux, finir ceux qui ne sont qu'ébauchés, renoncer à retoucher les autres... et se résoudre à s'en séparer. Il faut aussi travailler avec un architecte, et, puisque la décision est prise d'un don à l'État, s'entendre avec les représentants des pouvoirs publics, plus précisément avec la légendaire ennemie des impressionnistes, l'administration des Beaux-Arts (qui a pourtant mis de l'eau dans son vin)... Rude programme pour Monet, dont l'enthousiasme fait rapidement place au doute, puis s'embourbe dans une succession d'épreuves et de tracas.

Quoi qu'on en ait dit – et d'abord Monet lui-même, qui s'est amèrement plaint de ses partenaires officiels... – les péripéties administratives sont loin d'être les plus fâcheuses : si l'opération, du fait de son coût élevé (il faut construire un bâtiment spécial, puis en assurer le fonctionnement), s'avère difficile à monter en ces temps de vaches maigres, ministres et fonctionnaires s'ingénient à aplanir les obstacles et rivalisent de courtoisie envers l'illustre vieillard. Autrement grave est la recrudescence de la cataracte, qui le gêne de plus en plus dans son travail et l'entretient dans un cruel état d'angoisse. « Peindre avant de n'y plus voir du tout » (comme il écrit à Durand-Ruel) : telle est dorénavant son idée fixe. Consultations et traitements se multiplient. En 1923, sur les instances de Clemenceau, il se laisse opérer d'un œil (mais refuse toute intervention sur le second), puis viennent divers types de gouttes, de lunettes... La perception des couleurs est sévèrement altérée ; à plusieurs reprises, il faut cesser tout travail, ou encore peindre de mémoire, en se fiant à l'ordre de la palette et aux étiquettes des tubes de couleur. Pourtant, son pire adversaire n'est pas l'état de sa vue, qu'il parvient presque à surmonter à force d'énergie et d'expérience, mais, faut-il le préciser, sa propre exigence, cette insatisfaction qui le tenaille depuis qu'il tient un pinceau. « Piocher », « progresser », se surpasser dans des œuvres nouvelles, « améliorer », contre toute vraisemblance, contre toute raison, celles qu'il a déjà cent fois retouchées... Presque aveugle, il peint encore des merveilles (« avec une demi-vue », lui écrit Clemenceau à propos d'une toile de *Nuages*, « vous avez trouvé moyen de produire un chef-d'œuvre achevé... »), mais il n'est pas toujours aussi heureux : « je voulais profiter du peu de ma vue pour mener à bien certaines de mes décorations. Et j'ai eu grand tort. Car, finalement, il m'a bien fallu constater que je les abîmais... », raconte-t-il à un correspondant. Clemenceau, qui l'accompagne pas à pas, avec ferveur et inquiétude, et qui sait qu'« un véritable artiste ne se contente jamais », le met en garde, sans illusions, contre la tentation du « surchef-d'œuvre ». Tendrement, rudement, il tente de le ramener à la réalité : une œuvre à finir avant qu'il ne soit trop tard, même s'il la juge imparfaite ; un engagement à tenir envers l'État, lequel (poussé par lui, Clemenceau, qui mène l'affaire en sourdine) a su apprécier la valeur de son geste et y répondre dignement : « Vous voilà bientôt arrivé au terme de la grande journée. Quoi que vous fassiez, vous laisserez le nom d'un peintre qui a vu et senti l'intimité des choses autrement et mieux que nul n'avait encore fait. Vous avez eu la légitime ambition de vous surpasser vous-même aussi bien dans l'expression que dans la sensation, et vous l'avez fait... » N'est-il pas temps de se décider à conclure ? « Un homme comme vous n'est jamais au bout de ce qu'il peut faire. Cependant chaque entreprise doit avoir un commencement et une fin... » Peine perdue ! Les échéances se succèdent. En 1920, on s'entend sur un site – la cour d'honneur de l'hôtel Biron, rue de Varenne, devenu depuis peu le musée Rodin –, un architecte – Louis Bonnier – et un contenu – douze panneaux répartis en quatre compositions ; quelques mois plus tard, l'indécision de Monet rencontrant les contraintes budgétaires, tout est à refaire : la construction à édifier fait place à un bâtiment préexistant, l'Orangerie du jardin des Tuileries, qui sera spécialement aménagée, et Bonnier à un nouvel architecte, Camille Lefèvre. On passe d'une salle ovale à une salle circulaire, puis de nouveau à une salle ovale, puis à deux. Le nombre de compositions passe de quatre à huit ; celui des panneaux de douze à dix, à dix-huit, à dix-neuf, à vingt-deux... Dans les premiers temps, c'est Monet, impatient de réaliser son rêve, qui presse les pouvoirs publics. Après quoi, toutes ses conditions acceptées, l'acte de donation signé, les crédits débloqués, les travaux réalisés, c'est lui qui se dérobe, annonce qu'il abandonne, implore un nouveau délai, puis un autre, et, ce faisant, honteux de manquer à sa parole, tour à tour ménagé et secoué par son mentor, continue (pour citer ce dernier) à prendre son temps « comme s'il avait la vie devant lui » ! En avril 1926, Clemenceau confie à une amie : « Ses panneaux sont finis et ne seront plus touchés. Mais il est au-dessus de ses forces de s'en séparer... » En juillet, atteint d'un mal incurable, Monet demande un ultime délai pour « retoucher les choses qui [le] choquent », tout en annonçant son intention, s'il ne pouvait se remettre au travail, de « livrer [ses] malheureux panneaux dans l'état bien incomplet où ils sont... ». De fait, ils vont être livrés, mais après sa mort, qui intervient cinq mois plus tard, et, les salles étant depuis longtemps prêtes, l'Orangerie ouvre enfin au public au printemps suivant.

Les huit années qui venaient de s'écouler n'étaient pas passées qu'en vaines fluctuations. Le dessein même, cerné de près dès 1897 – un « tout sans fin » à l'image de la nature, un continuum où le spectateur s'absorberait dans la contemplation des éléments, en deçà de toute construction intellectuelle, voire de toute perception distincte... –, s'était considérablement précisé. Sa mise au point se lit aussi bien dans l'évolution du dispositif architectural (reflétée par une suite de scénarios inspirés et contrôlés de près par Monet) que dans celle des panneaux proprement dits.

On a vu l'ampleur et la signification du changement d'échelle survenu au commencement de la guerre : parti de « dimensions modestes », celles d'un simple décor privé ne s'élevant qu'à « mi-hauteur de taille humaine » (ces précisions proviennent d'un article bien informé de 1909), Monet était passé au double de hauteur et avait augmenté la surface à l'avenant, puisqu'il annonçait dès 1918 douze panneaux de plus de quatre mètres de large, objectif difficile à réaliser dans un intérieur privé. Ce développement ne pouvait qu'être encouragé, dans les années suivantes, par le choix formel d'une destination publique, même si le projet pour l'hôtel Biron ne compte encore que douze panneaux : une lettre de Monet, qui en a alors deux ou trois fois autant en réserve, laisse entendre qu'il en aurait volontiers donné plus mais que « c'eût été trop encombrant pour l'État ». Puis le passage à l'Orangerie et l'évidente bonne volonté des « Beaux-Arts » lui permettent, après maintes variations, de doubler quasiment la mise, et le cycle final présente un total de 91 mètres linéaires, pour les 51 de 1920. Non seulement toutes les compositions prévues pour l'hôtel Biron (mais fort retravaillées, au point qu'on se demande si l'une d'elles, *les Nuages* [p. 100], n'a pas été purement et simplement remplacée) y sont présentes à l'exception d'une seule, mais une bonne douzaine de panneaux supplémentaires ont été puisés dans le stock inutilisé – ou, plus rarement, peints tout exprès pour l'Orangerie –, les uns formant des compositions nouvelles, les autres s'insérant à l'intérieur d'une des compositions existantes, *les Trois Saules*, dont la surface passe de quatre à dix panneaux, répartis en trois groupes juxtaposés (p. 108-115).

À ce processus d'expansion physique, qui semble chercher à épouser l'infini, répond un mouvement général vers une plus grande fluidité et un plus total enveloppement. Visant à mieux effacer les limites et mieux assouplir les rigidités des lieux, à mieux suggérer l'infinitude de la nature, à mieux investir le corps et l'esprit du spectateur, il se marque au premier chef dans le passage du cercle à l'ovale : si l'essentiel – la continuité – était dès l'abord assuré par le principe d'une structure circulaire, le choix final de la forme ovale (redoublée en une double ellipse dessinant en plan le signe de l'infini…) apporte en supplément une subtile impression d'étirement de l'espace, et, par analogie, du temps. Il se marque encore dans la démesure même des compositions, qui nous oblige à aller, venir, avancer et reculer pour appréhender tour à tour ensemble et détails, faisant perdre de vue la périphérie des toiles au fur et à mesure qu'on s'en rapproche, et cela d'autant plus que la forme courbe des murs – fortement accusée aux extrémités des deux ovales – tend à la soustraire à notre champ de vision : c'est comme si l'on était aspiré à l'intérieur de la peinture, dont la concavité paraît se refermer sur nous. Enfin, le spectateur est entraîné dans un parcours sans contrainte, contrepartie au caractère directif du système axial : d'abord, par le dédoublement des accès dans les deux salles, lequel permet à volonté de commencer à droite ou à gauche et suggère de poursuivre aussi librement ; ensuite, par l'absence de toute logique repérable dans la distribution des compositions – sinon peut-être le choix d'emplacements situés à l'ouest pour les deux compositions évoquant le soir (*Reflets d'arbres* et *Soleil couchant* [p. 104 et 106]), sans pour autant que l'agencement des six autres reproduise un cycle diurne rigoureux… Pas d'articulations nettes, de dimensions clairement évaluables, de point de vue fixe, d'ordre rationnel : l'aménagement de l'Orangerie se ramène (selon une belle formule de Louis Gillet) à un « mouvement liquide », brouillant à plaisir les repères du spectateur. En quoi il est en harmonie avec la « zone de rêveries flottantes » des panneaux, dont la « lente ceinture » (pour citer encore Gillet) transpose à l'échelle de vastes panoramas, discrètement scandés par les intervalles entre les peintures, l'espace changeant des « paysages d'eau », leur cadrage sans bords, leurs perspectives multiples, leurs champs diffus de couleur et de lumière.

Imaginés depuis l'origine (la peinture « enveloppant toutes les parois de son unité… », « une transparence tour à tour verdie et mauvée… ») et concrètement affirmés dès la mise en train des premiers panneaux, les caractères distinctifs du projet, l'unité et l'immatérialité, se sont encore intensifiés lors des ultimes campagnes de travail. Certes, Monet a alors renoncé depuis longtemps à l'idée d'une frise continue, lui préférant une suite de compositions autonomes, et cette option s'est encore renforcée après 1920 par l'addition des deux pages vespérales, qui rompent avec la clarté vibrante du choix initial. Mais si l'unité visuelle en était quelque peu perturbée, ces changements (qui confirmaient le besoin de variété réapparu vers la fin de la guerre) ne laissaient pas de bénéficier à une unité d'un autre ordre, dont la quête inspirait déjà les séries des années 1890 : la double unité, spatiale et temporelle, produite par l'association de moments divers dans une structure unique, à l'image du temps qui passe, dans sa continuité comme dans ses instants épars. L'introduction tardive de *Reflets d'arbres* et de *Soleil couchant* dans le programme de l'Orangerie marque à cet égard un enrichissement par rapport à celui de l'hôtel Biron, qui offrait une plus grande unité tonale mais une bien moindre variété d'heures et d'effets. Par ailleurs, dans la mesure où sa vue le lui permettait, Monet s'est employé à harmoniser les toiles, peintes dans la même facture fluide et allusive, et la même palette à base de bleus, de verts et de mauves peu contrastés (à l'exception du flamboyant *Soleil couchant*). Il a aussi ménagé des liaisons, faisant en sorte, par exemple, que les deux *Matin* de la seconde salle (p. 108-109), placés entre la clarté des *Deux Saules* et la quasi obscurité de *Reflets d'arbres*, apparaissent plus lumineux du côté des premiers et plus sombres du côté des seconds ; ou encore des jeux d'écho, comme celui qui s'établit, dans la première salle, entre *les Nuages* et *Matin* (p. 100-101), dont le grand vide au centre et les masses plus denses aux extrémités – fouillis végétal dans *Matin*, reflets d'arbres sombres dans *les Nuages* – se répondent de part et d'autre de l'axe longitudinal.

Tout en gagnant en unité, les peintures se sont évidées et allégées, s'ouvrant toujours plus à l'air et à la lumière. Clemenceau évoque ainsi certaines « toiles avec des nuages » que Monet poursuivait à demi aveugle au printemps 1924 : *les Nuages* de l'Orangerie ou l'une de leurs variantes inutilisées (p. 88-89), à moins qu'il ne s'agisse des *Deux Saules*, dont les 34 mètres carrés servent de miroir au ciel nuageux. Contre toute attente, le vieillard à bout de forces leur avait imprimé un « incroyable élan de facture » : « tout ça s'était allégé, éthéré… », raconte le Tigre émerveillé. À la délicatesse de touche, aux transparences de matière, au scintillement des accents clairs suggérant, dans les trois *Matin*, le frémissement de l'eau sous la brise, se conjuguent aussi les effets d'un véritable nettoyage par le vide. Photographié au début de 1921, l'ensemble destiné à l'hôtel Biron faisait une place appréciable à la végétation du jardin. Sur quatre compositions, deux seulement, *les Nuages* et *Reflets verts*, étaient de purs « paysages d'eau » ; la troisième, *l'Agapanthe*, se rattachait à l'espace de la rive par une touffe de fleurs isolée au premier plan ; et la quatrième – la plus ancienne –, *les Trois Saules*, était envahie par le feuillage et les larges troncs des arbres qui lui donnaient son titre. Enfin, dans la partie supérieure de la salle, une frise inspirée de l'arceau du pont japonais devait dérouler de lourdes guirlandes de glycines. Or cette frise disparaît lors du passage de l'hôtel Biron à l'Orangerie. Les fleurs de *l'Agapanthe* sont éliminées par des repeints (p. 92-93) (la composition elle-même, d'abord prévue pour l'Orangerie, est finalement remplacée). Les panneaux intercalés dans la redistribution des *Trois Saules* viennent desserrer le rideau d'arbres original. Et la composition nouvelle qui prend leur place au fond de la salle déroule sur dix-sept mètres, entre les silhouettes grêles de deux jeunes saules, un impalpable panorama de lumière (p. 113). Monet a si bien fait le vide, si bien privilégié l'élément liquide et aérien, qu'il a senti le besoin d'y introduire un minimum de structuration : rythme des troncs de saules dans la salle du fond, masses vaguement symétriques encadrant, dans la première, les deux autres panoramas vides, *les Nuages* et *Matin*... Simples ponctuations dans l'infinie fluidité.

Telle quelle, dans son état d'achèvement relatif, et sans que l'auteur ait même jamais pu l'embrasser dans son intégralité, l'œuvre que le public découvrait au printemps 1927 réalisait bel et bien l'ambition qui avait hanté, soulevé, dévoré Monet depuis les débuts de son *aggiornamento*, et qui n'était rien de moins que l'expression du tout par le tout – de la nature totale, de l'expérience pleinement vécue, par la forme synthétique qui en serait le parfait analogon. Elle y parvenait sans rien céder de ses impératifs réalistes (que la garde rapprochée de Monet invoquait à bon droit pour récuser toute interprétation métaphysique) mais en mobilisant les pouvoirs de la rêverie, édifiant ainsi, à partir d'un trésor d'observations véridiques, ce que Gustave Geffroy qualifiait non moins légitimement de « poème », un « poème panthéiste » où tout à la fois s'exprimait et s'accomplissait la communion de l'homme et de l'univers.

Ce monument à la paix cosmique érigé en plein conflit mondial, cette double invitation à se retremper dans la contemplation de la beauté transcendante et dans celle des éléments primordiaux, Monet, pour finir, en faisait offrande à la France ravagée de l'après-guerre, et, au-delà, à l'homme déraciné de notre temps. Sur sa terrasse entre le fleuve et le jardin, mais au cœur de Paris, dans un site chargé d'histoire devenu un frénétique carrefour routier, l'Orangerie nous révèle et nous restitue la Nature dont nous sommes séparés.

1895

Premières

«Bassins aux

recherches et

nymphéas»

1900

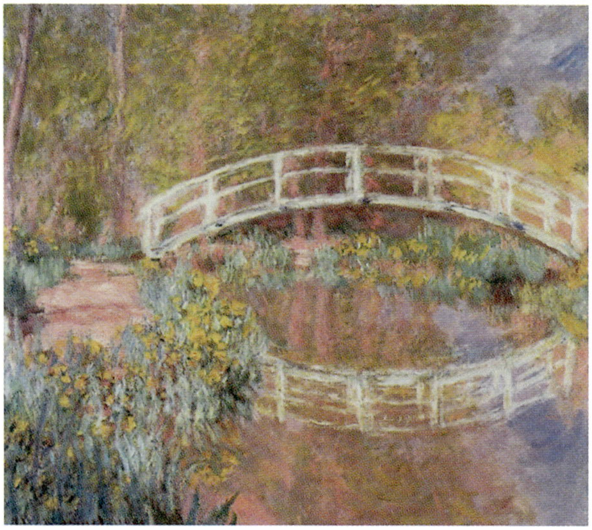

Pont dans le jardin de Monet
[1895, daté a posteriori 1900]
89 x 92 cm, W 1419a
Collection particulière.

Nymphéas, effet du soir
[1897?]
73 x 100 cm, W 1504
Musée Marmottan, Paris.

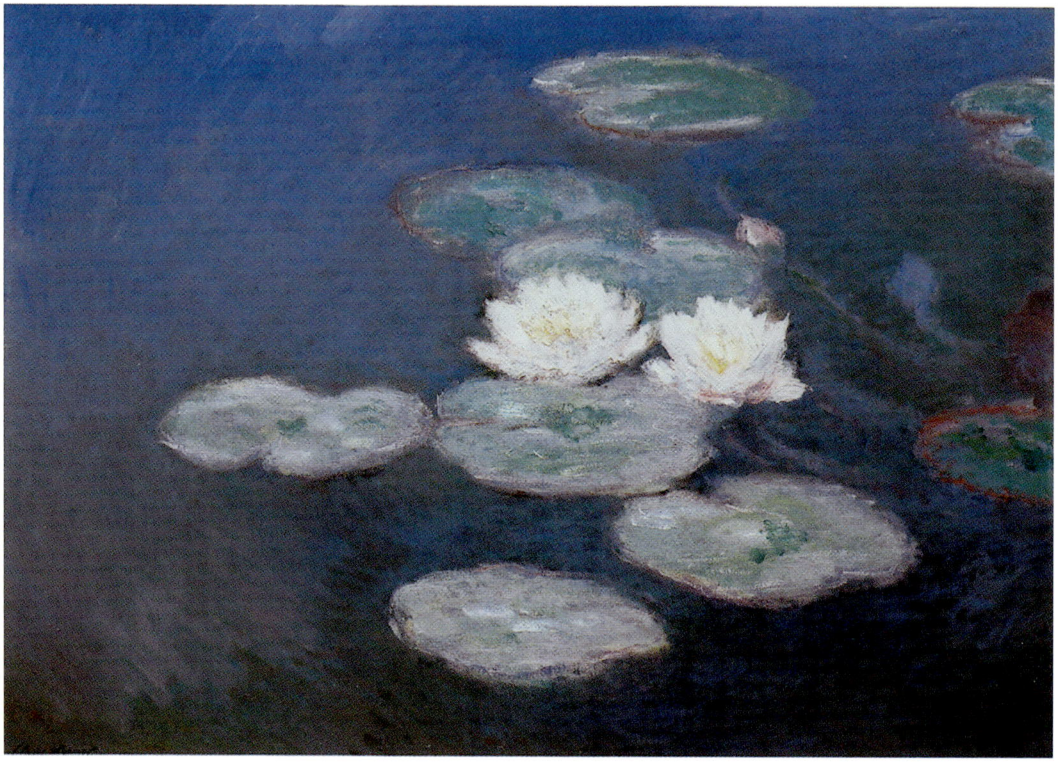

Toutes les œuvres présentées sont des huiles sur toile.
Le W se rapporte au numéro sous lequel le tableau est répertorié par Daniel Wildenstein dans son catalogue raisonné de l'œuvre de Monet.

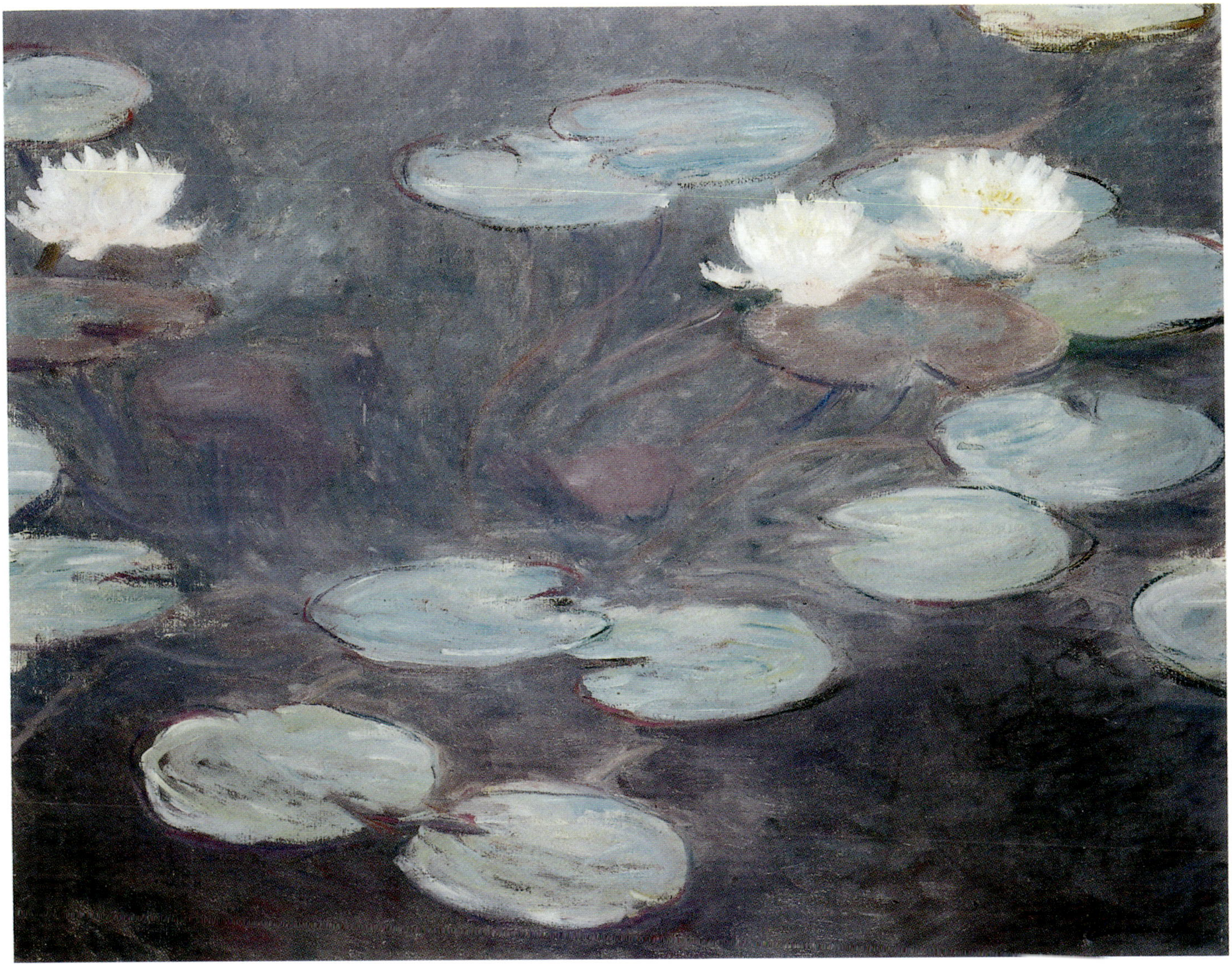

Nymphéas roses

[1897 ?]

81 x 100 cm, W 1507

Galleria Nazionale d'Arte Moderna, Rome.

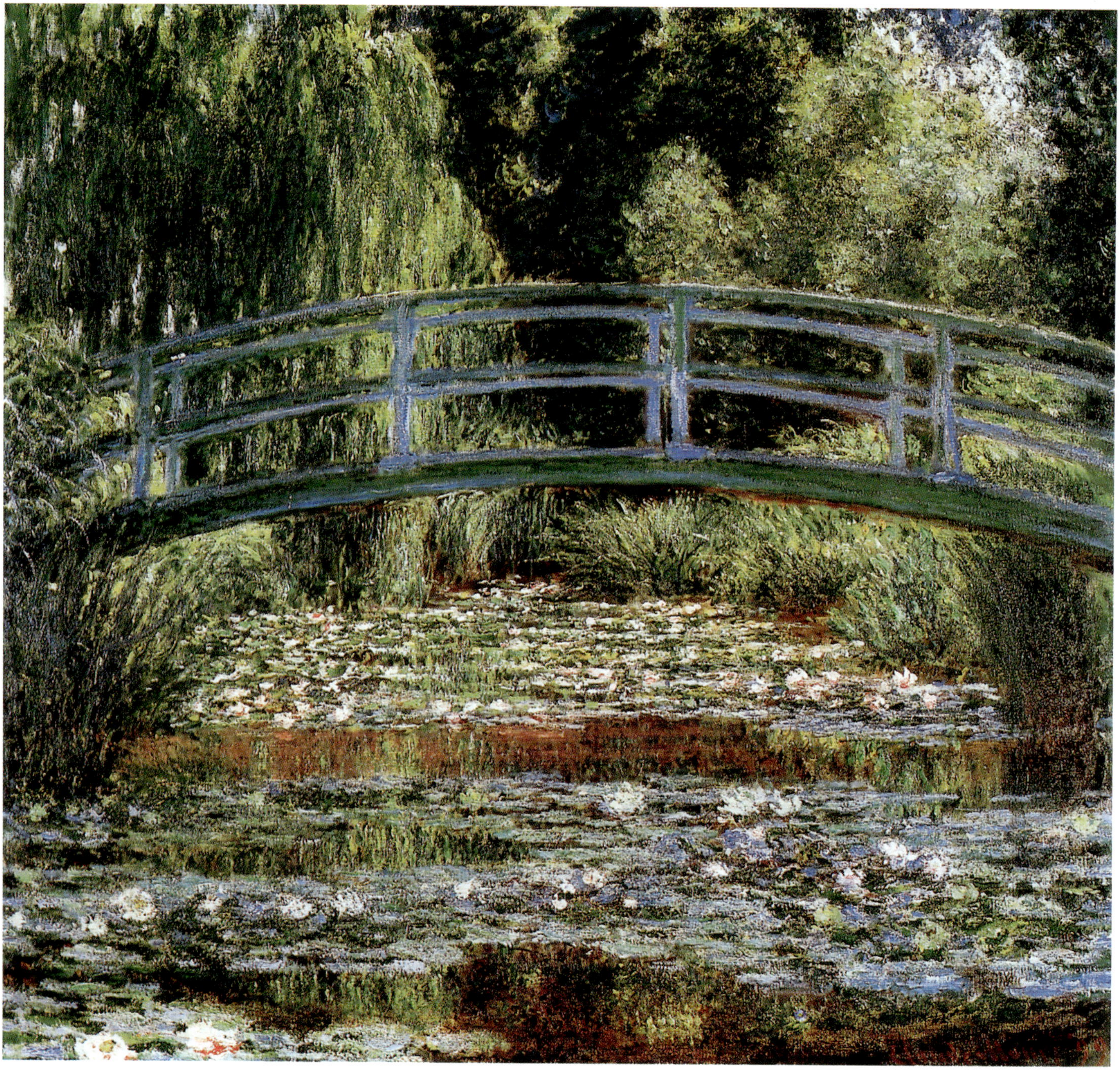

Le Bassin aux nymphéas
1899
89 x 93 cm, W 1512
Philadelphia Museum of Art, Mr and Mrs Carroll S. Tyson Jr, Collection.

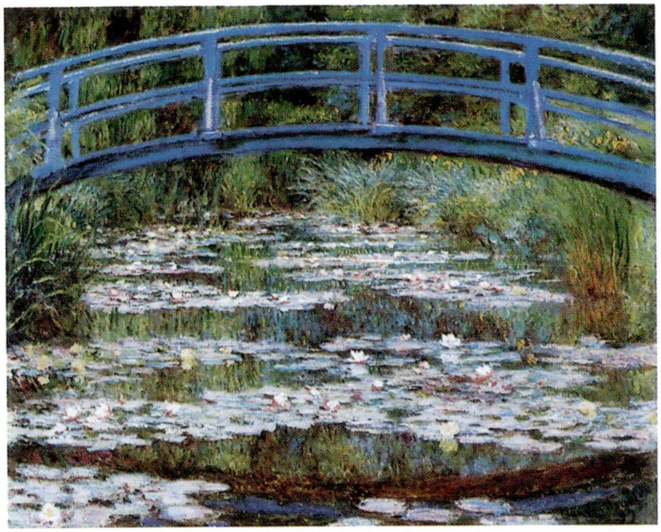

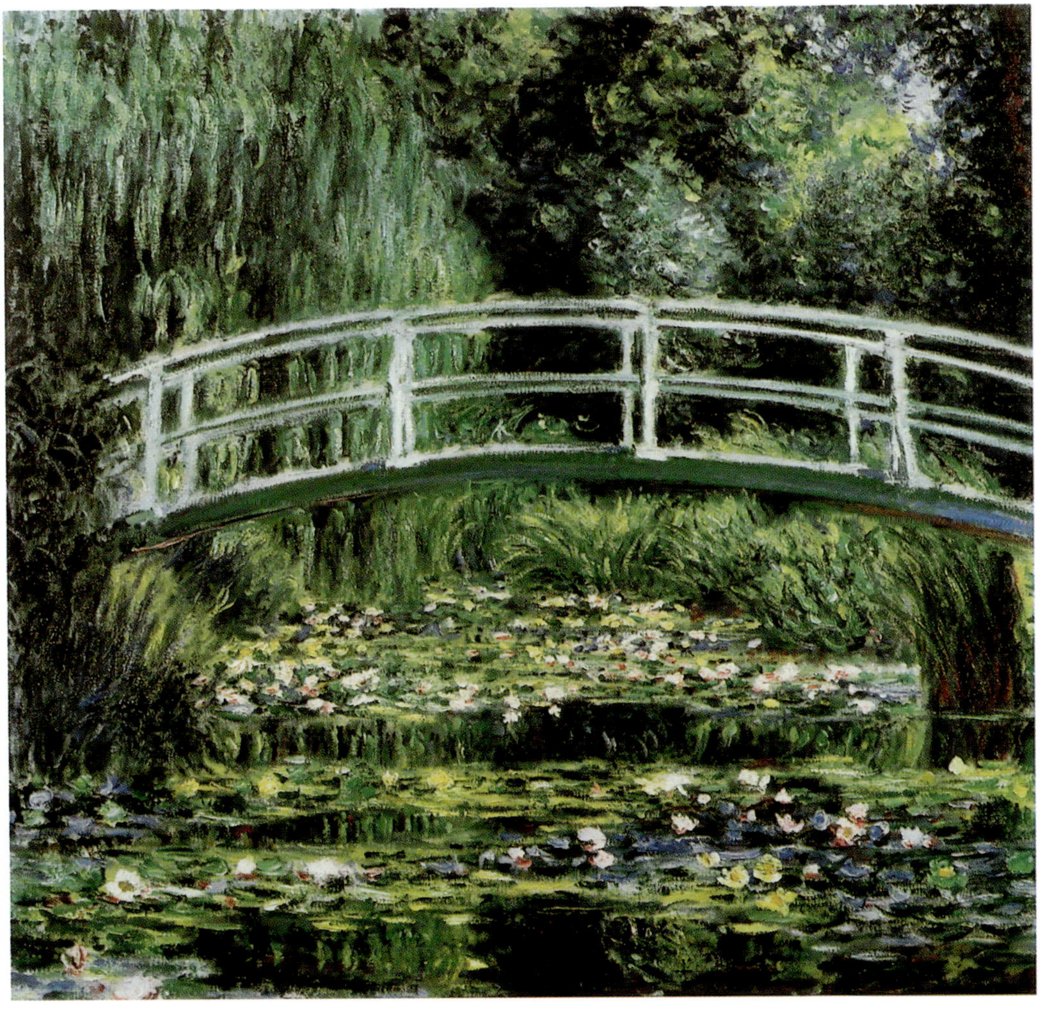

Le Bassin aux nymphéas
1899
81 x 100 cm, W 1517
National Gallery of Art, Washington, D. C. Don de Victoria Nebeker Coberly, en mémoire de son fils John W. Mudd, et de Walter H. et Leonore Annenberg.

Le Bassin aux nymphéas
1899
89 x 92 cm, W 1513
Musée Pouchkine, Moscou.

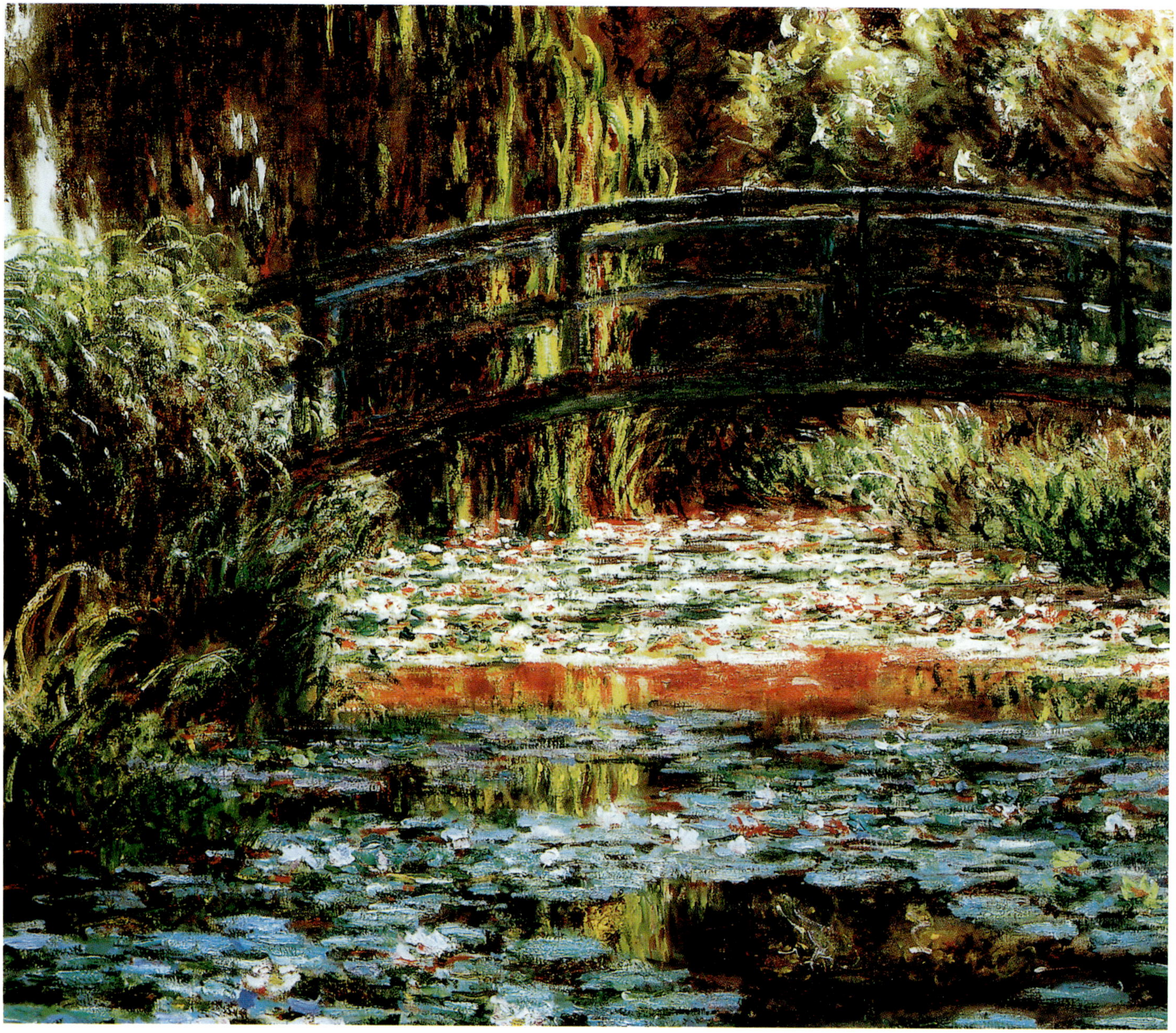

Le Pont sur le bassin aux nymphéas, Giverny

1900

89 x 100 cm, W 1628

Art Institute of Chicago, Mr and Mrs Lewis Larned Coburn Memorial Collection.

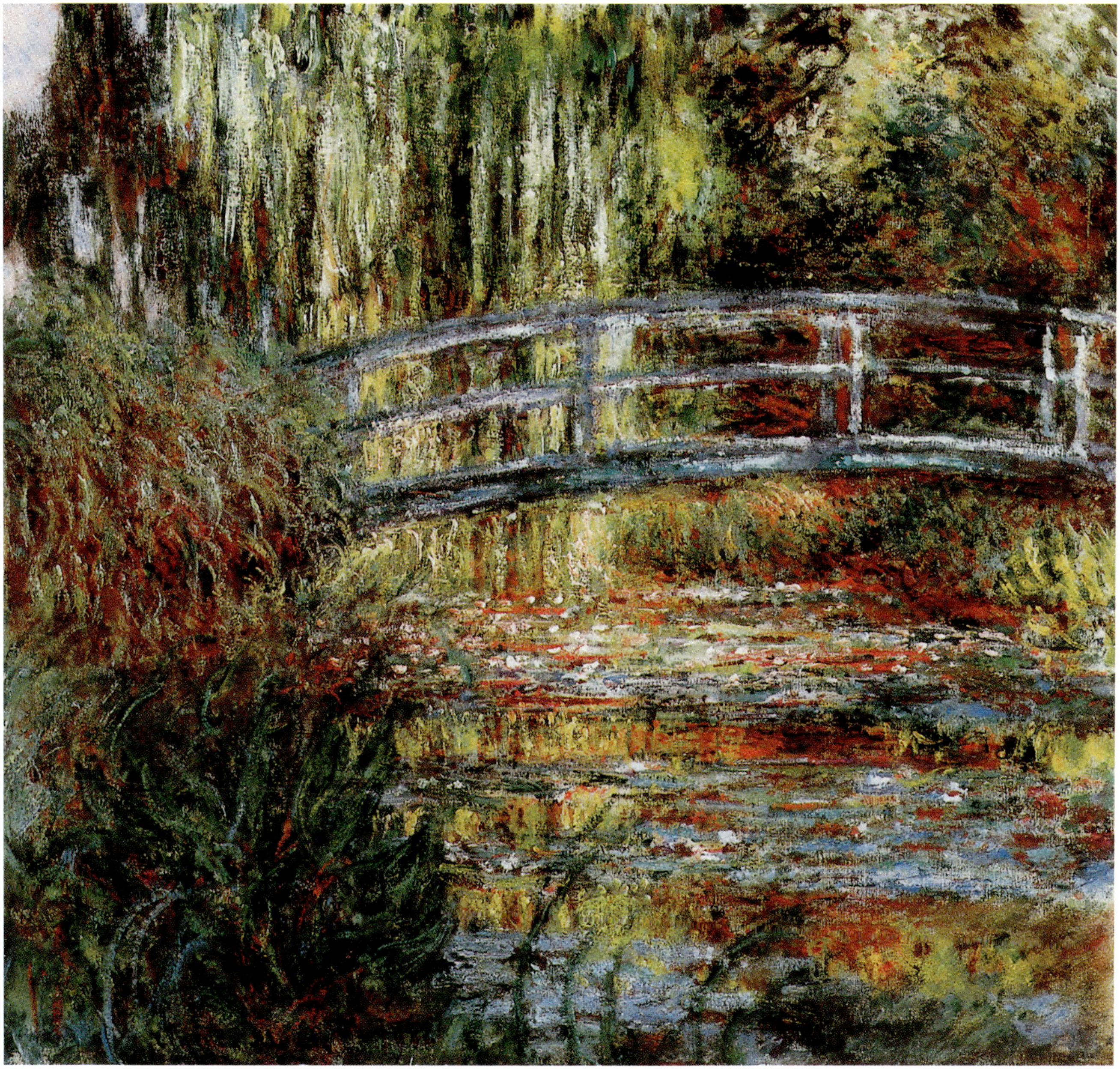

Le Bassin aux nymphéas
1900
90 x 92 cm, W 1630
Museum of Fine Arts, Boston.

1903

Paysages

d'eau

1908

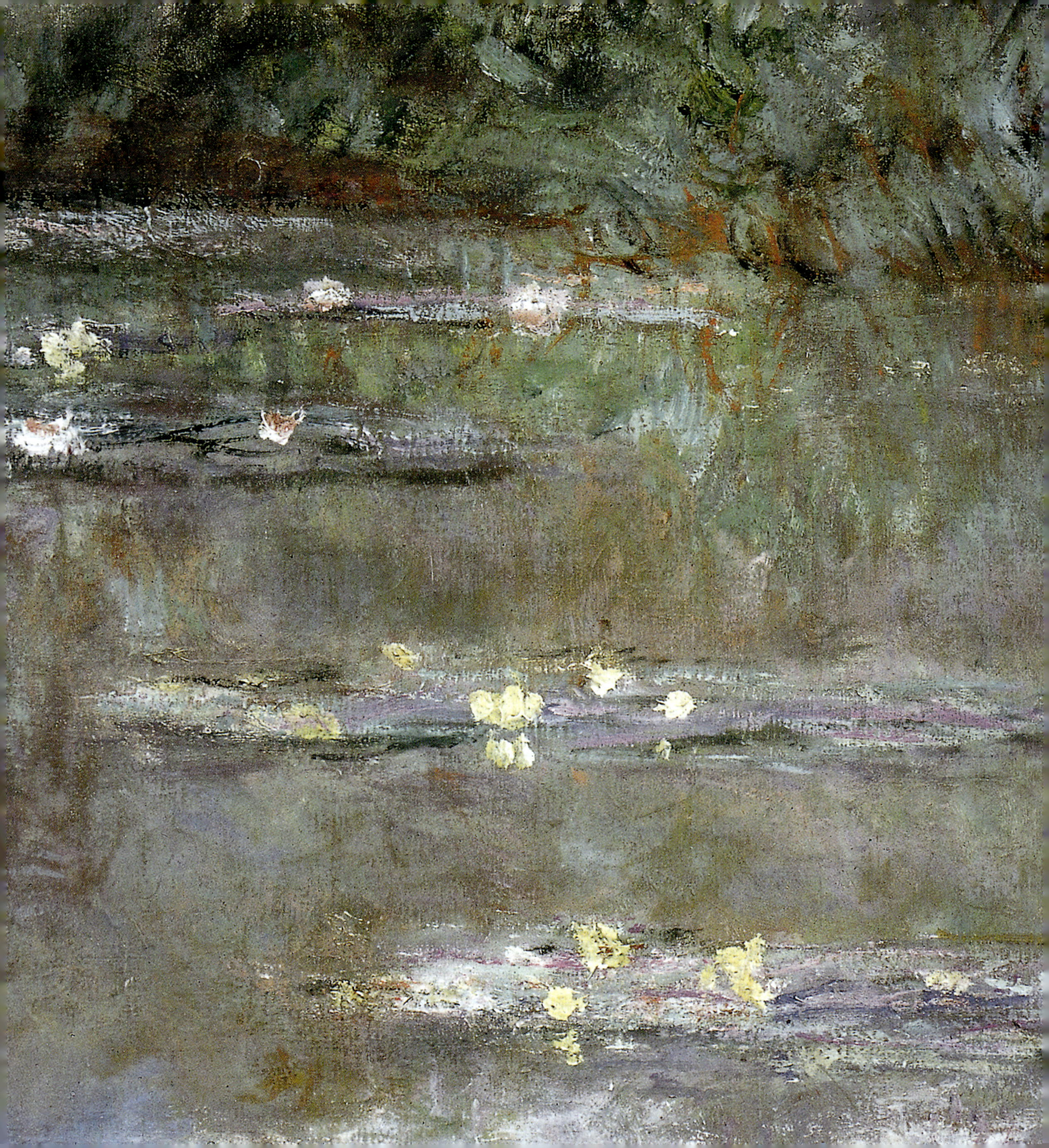

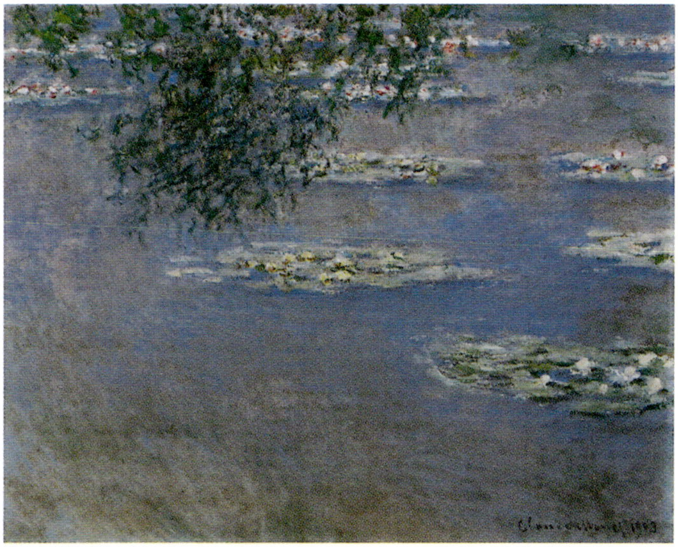

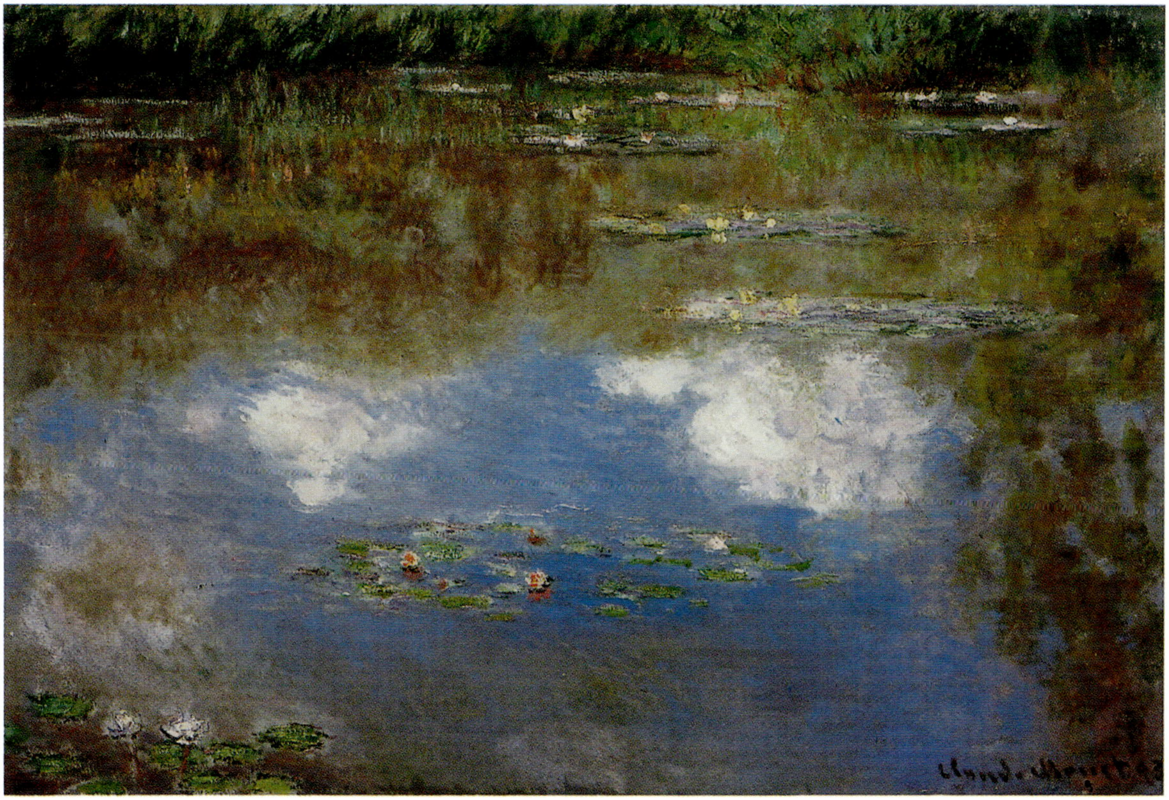

Nymphéas
1903
81 x 100 cm, W 1658
Bridgestone Museum of Art, Ishibashi Foundation, Tokyo.

Nymphéas, paysage d'eau, les nuages
1903
73 x 100 cm, W 1656
Collection particulière, États-Unis.
(détail page précédente)

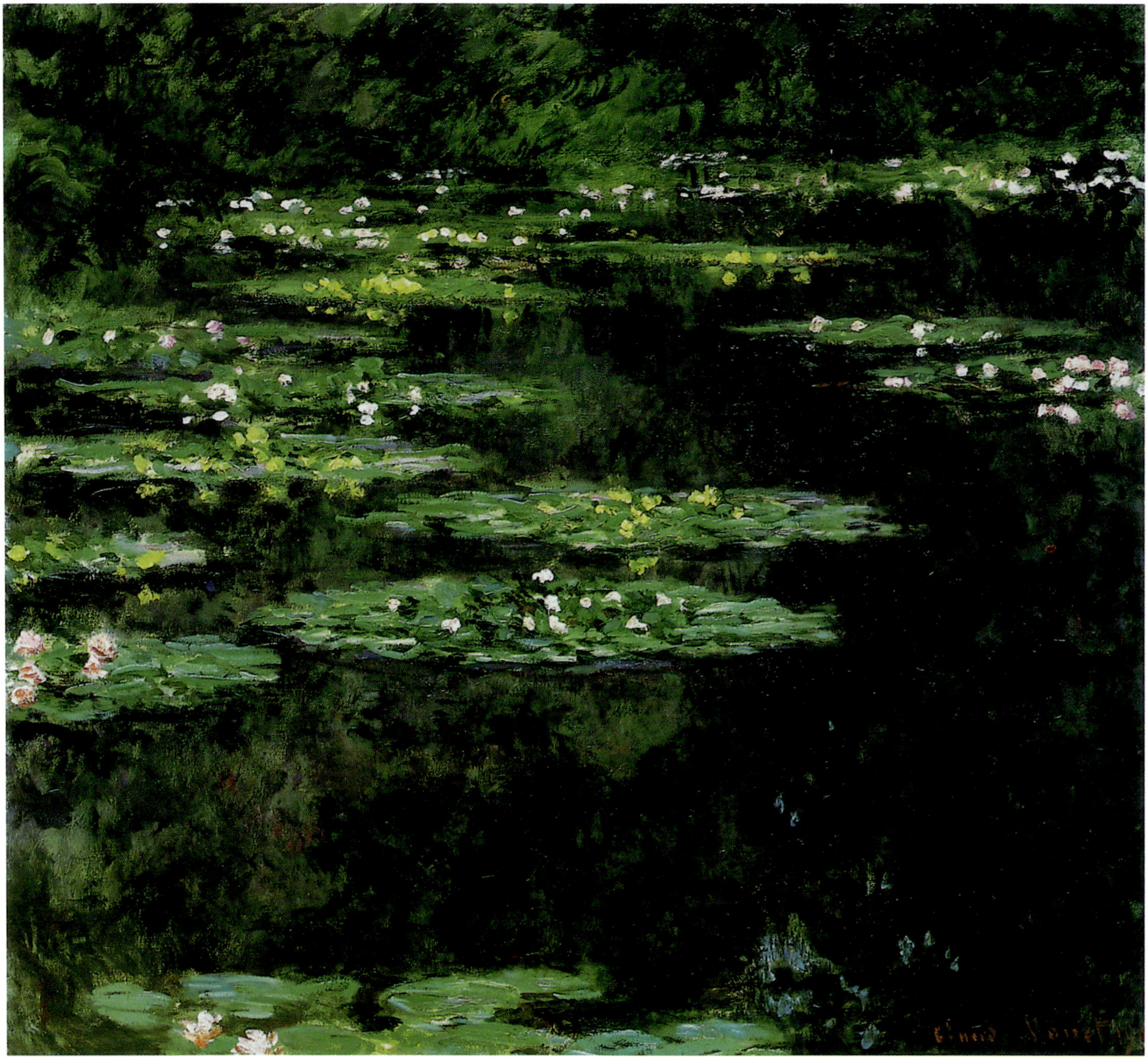

Nymphéas
1904
90 x 93 cm, W 1664
Musée André
Malraux,
Le Havre.

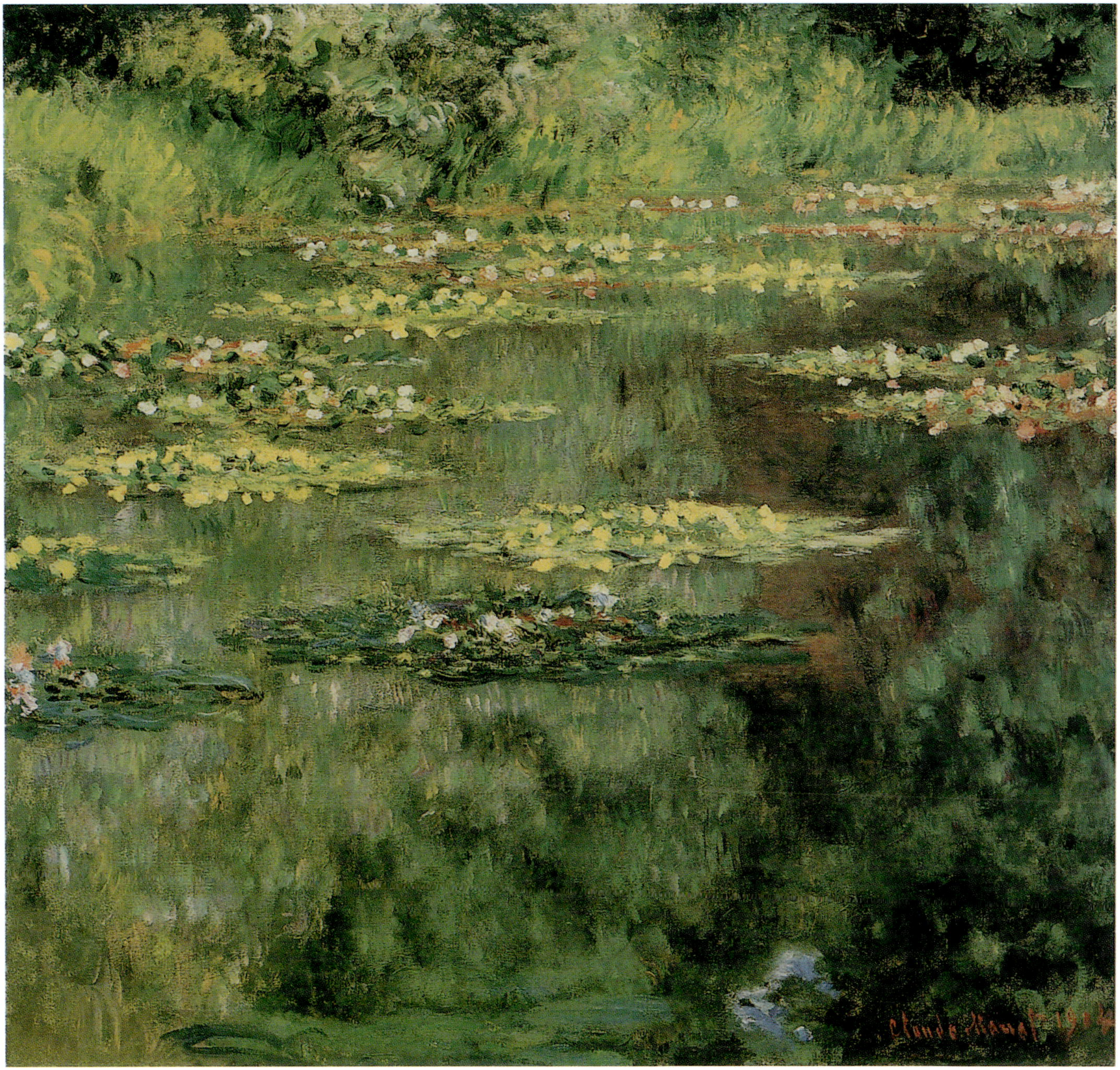

Nymphéas
1904
89 x 92 cm, W 1666
Denver Art
Museum.

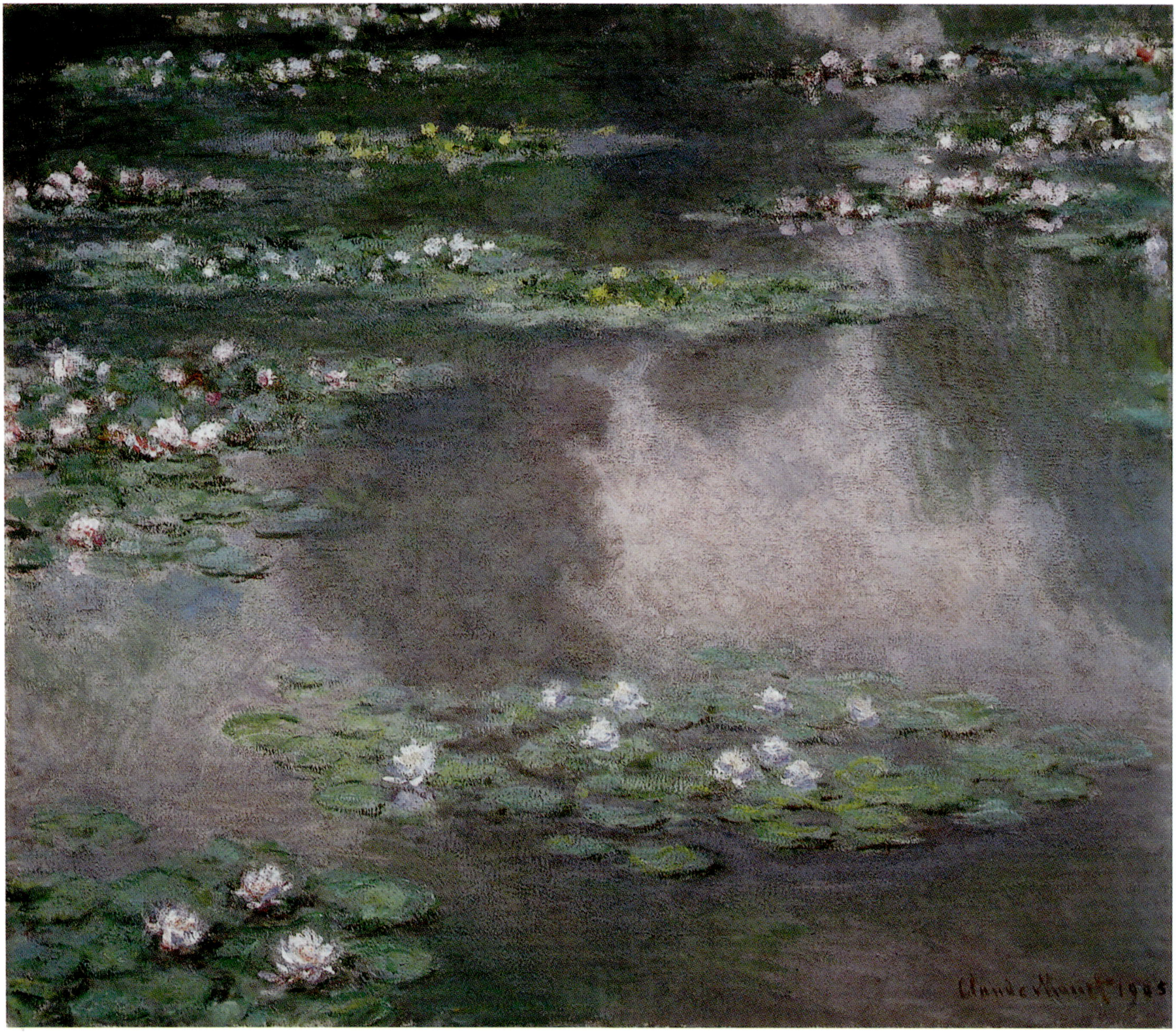

Nymphéas
1905
90 x 100 cm, W 1671
Museum of Fine
Arts, Boston.

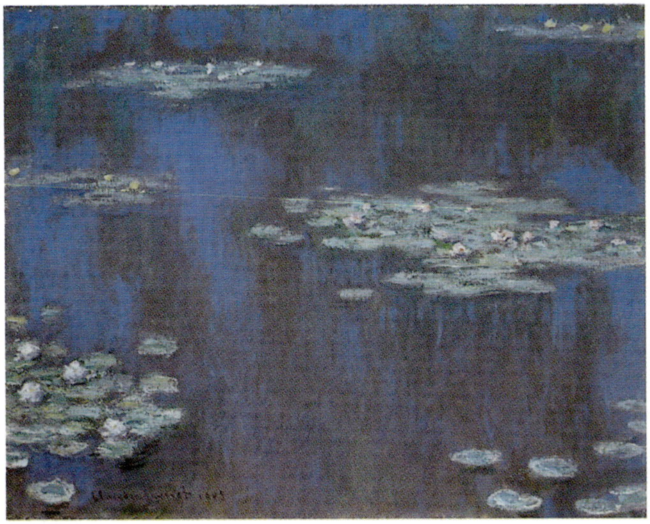

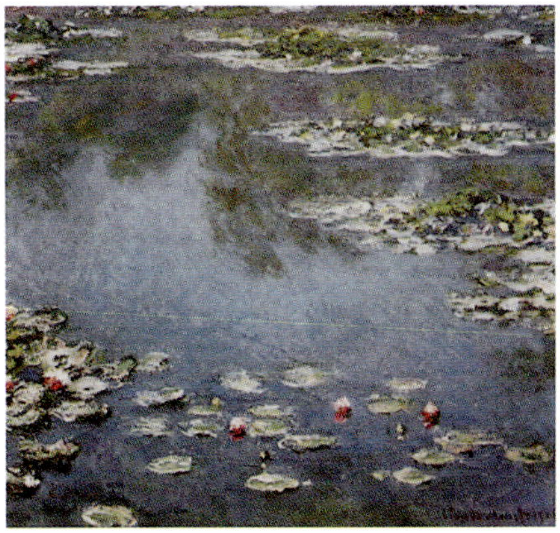

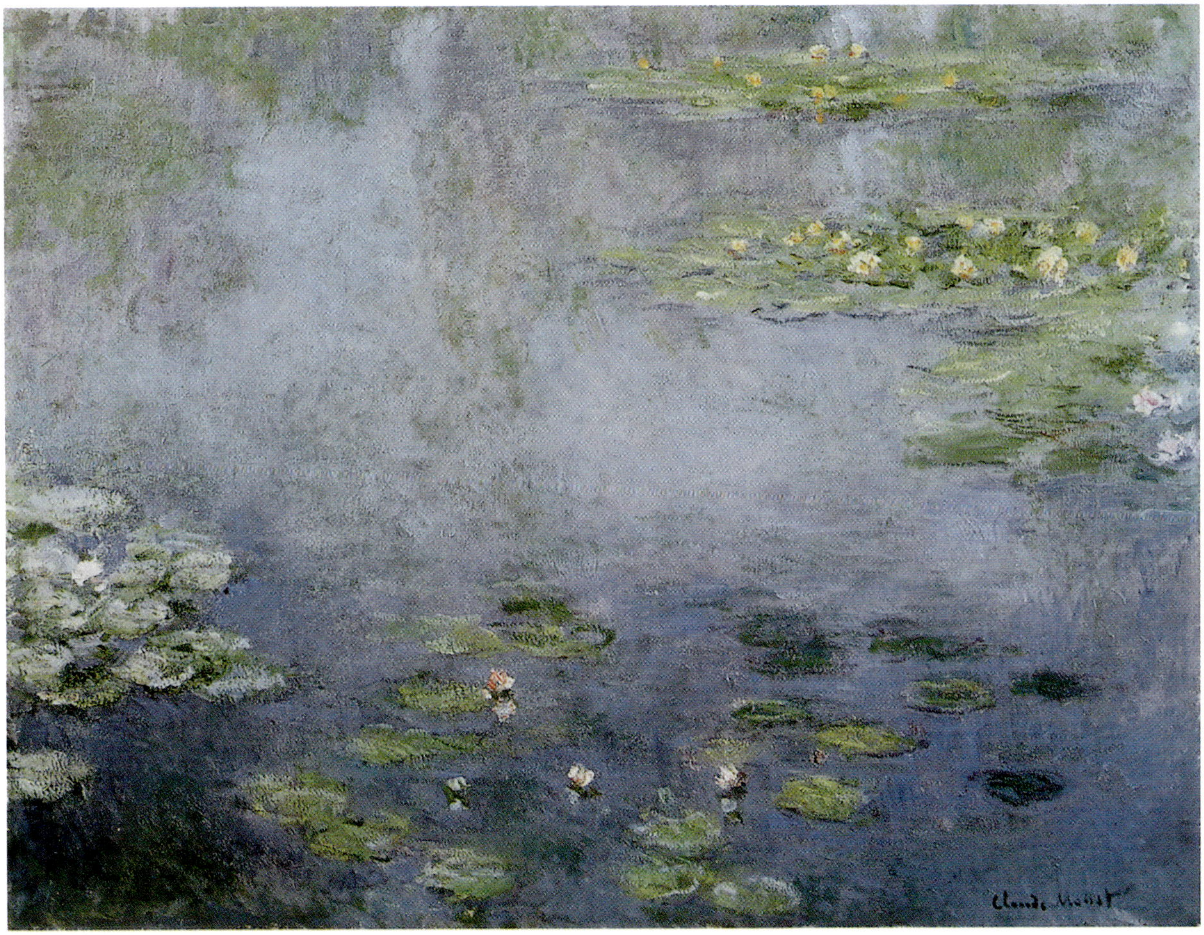

Nymphéas
1905
81 x 100 cm, W 1680
National Museums and Galleries of Wales, Cardiff.

Nymphéas
1906
90 x 93 cm, W 1683
Art Institute of Chicago.

Nymphéas
[1906-07]
73 x 92 cm, W 1689
Ohara Museum of Art, Kurashiki, Japon.

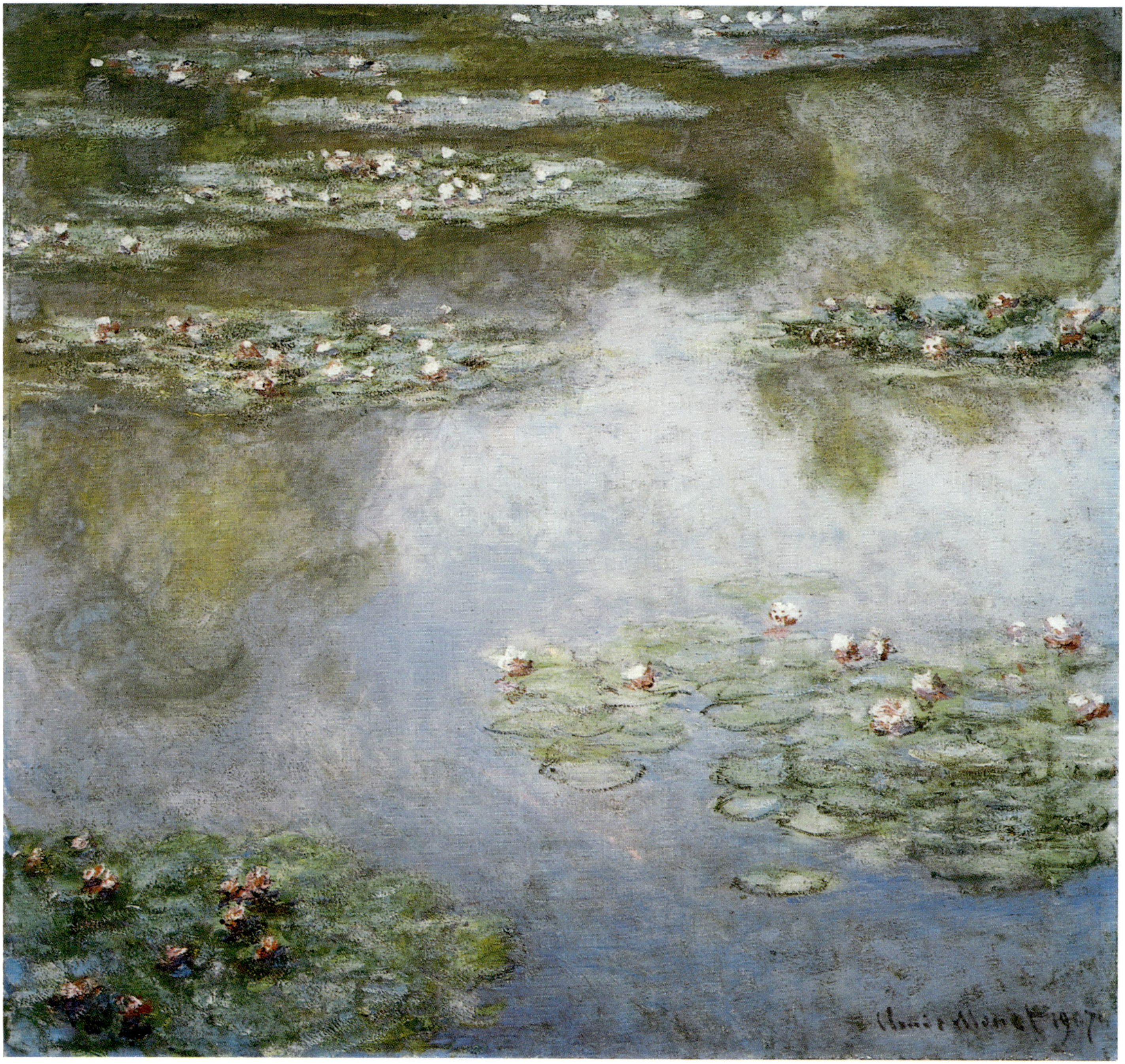

Nymphéas
1907
90 x 93 cm, W 1697
Museum of Fine
Arts, Boston.

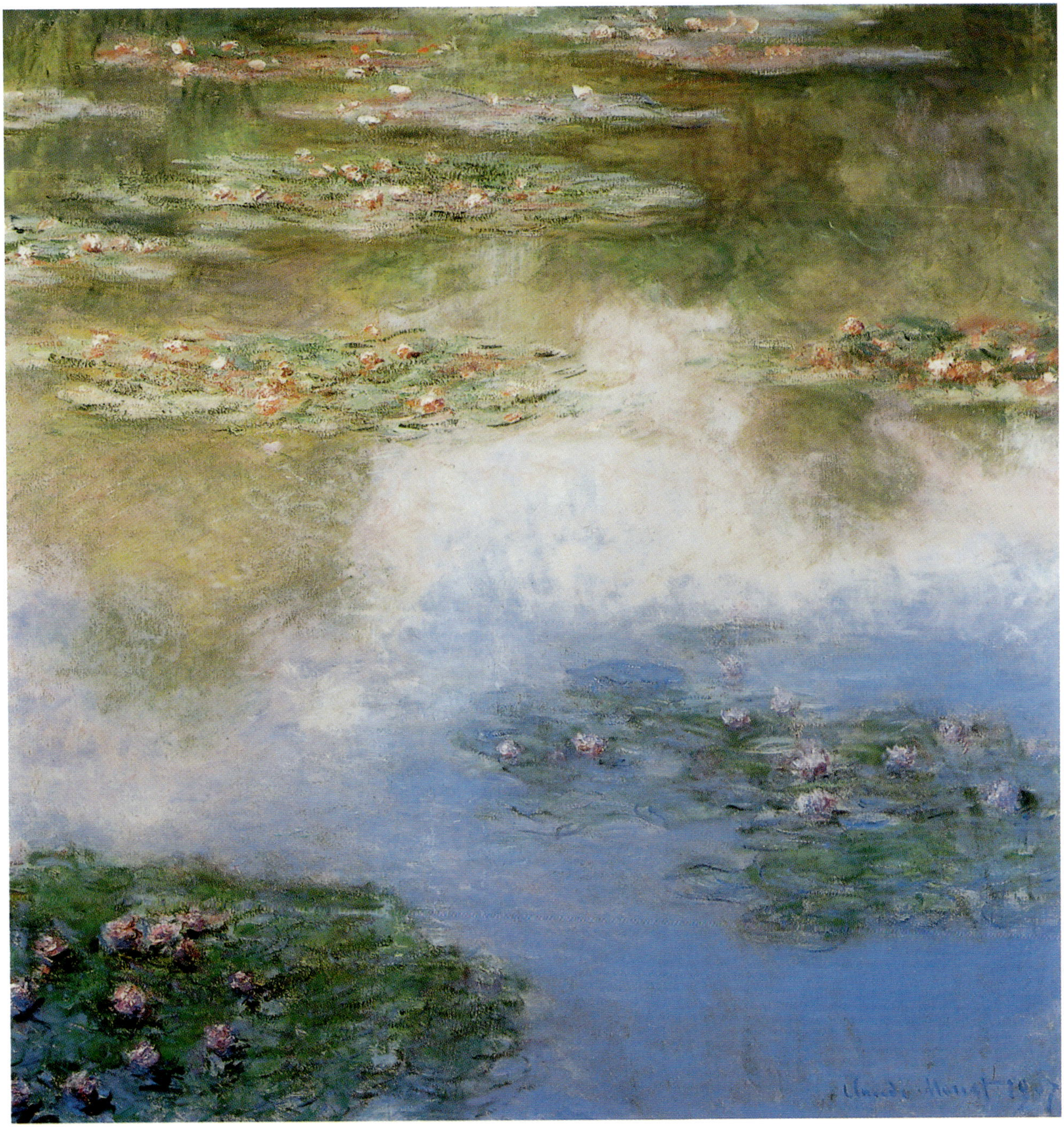

Nymphéas
1907
93 x 89 cm, W 1698
Collection particulière, États-Unis.

Nymphéas
1907
100 x 73 cm, W 1714
Musée Marmottan,
Paris.

Nymphéas
1907
100 x 81 cm, W 1713
Kuboso Memorial
Museum of Art,
Izumi, Japon.

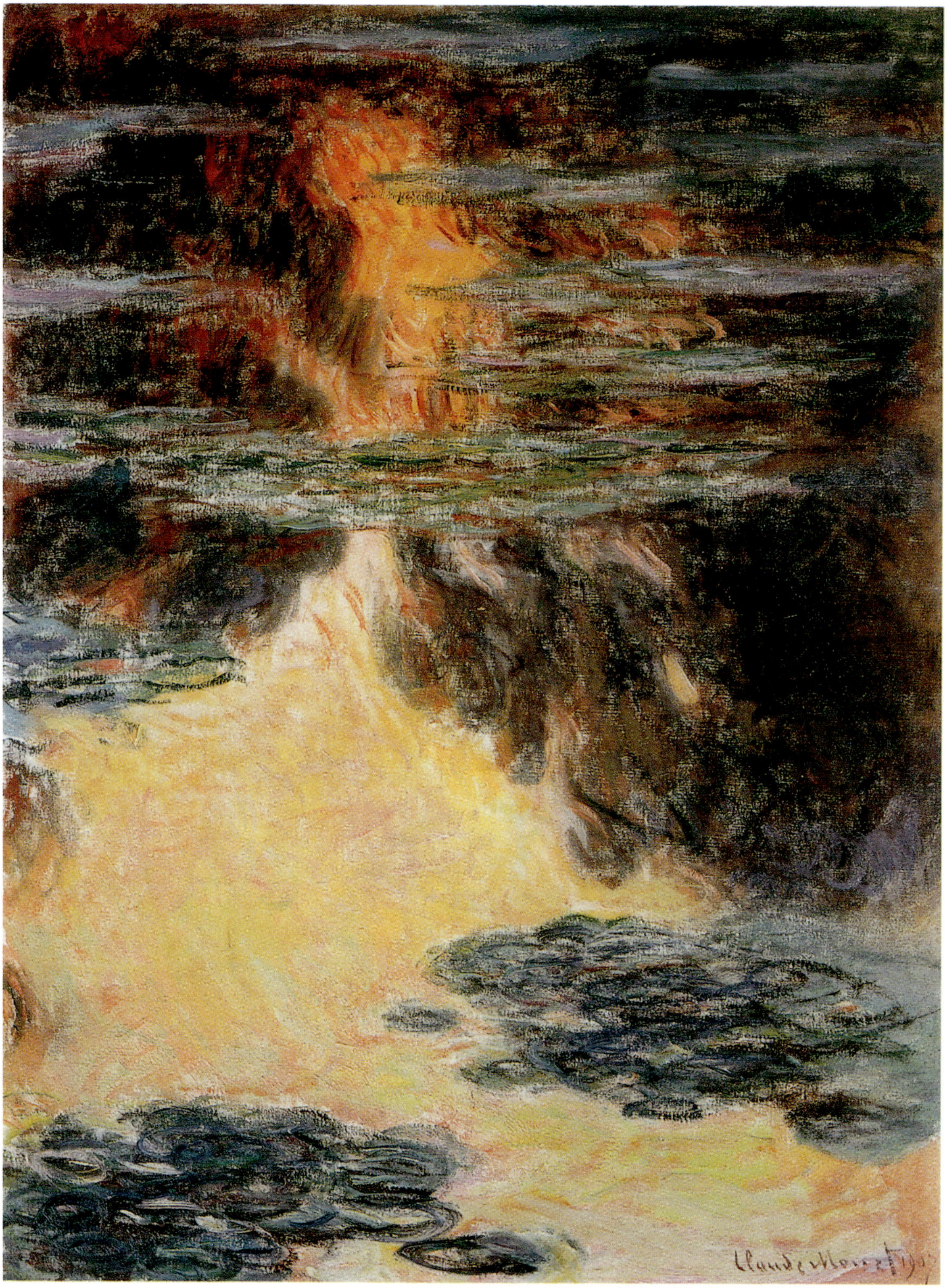

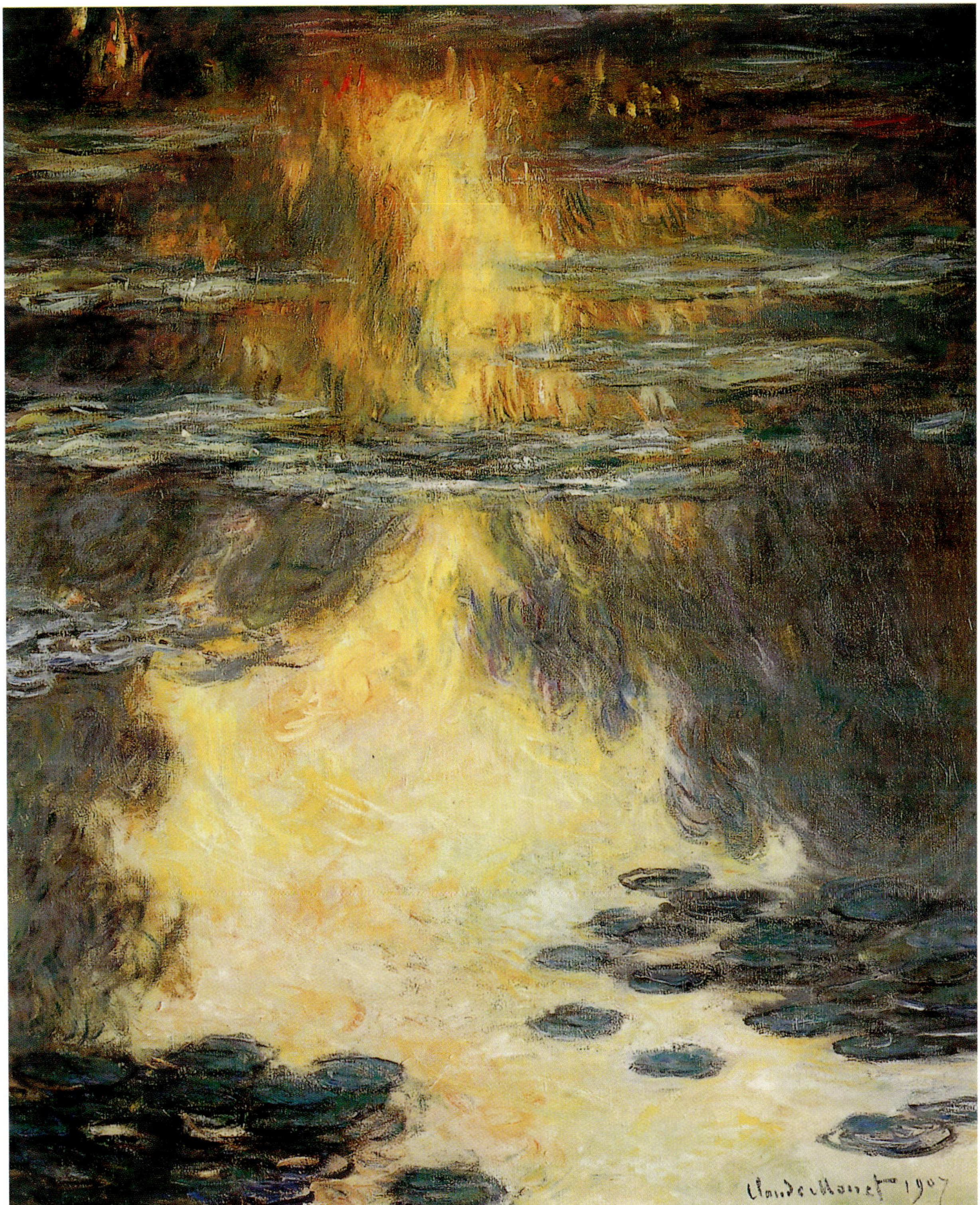
Claude Monet 1907

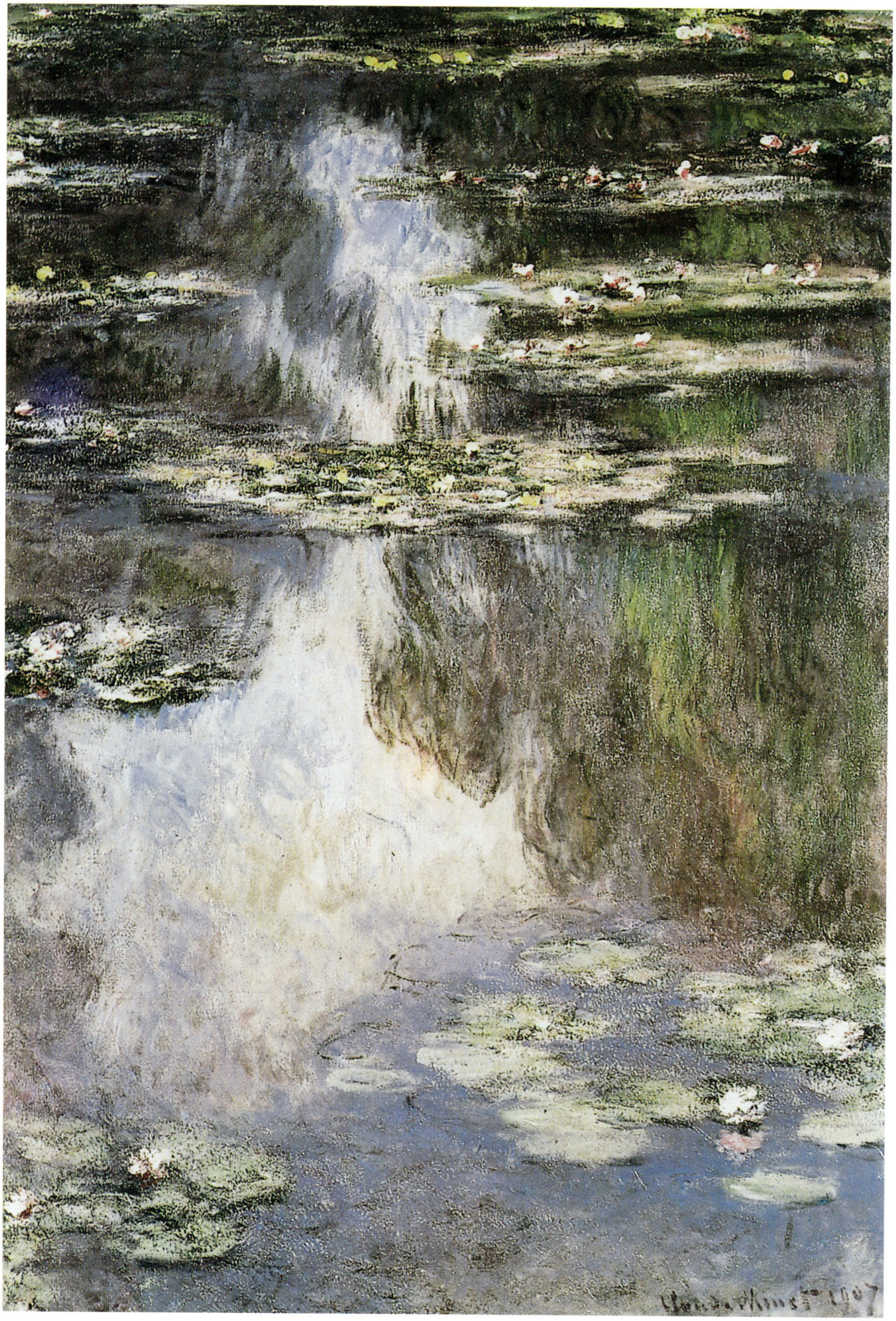

46

Nymphéas
1907
106 x 73 cm, W 1709
Collection particulière, Japon.

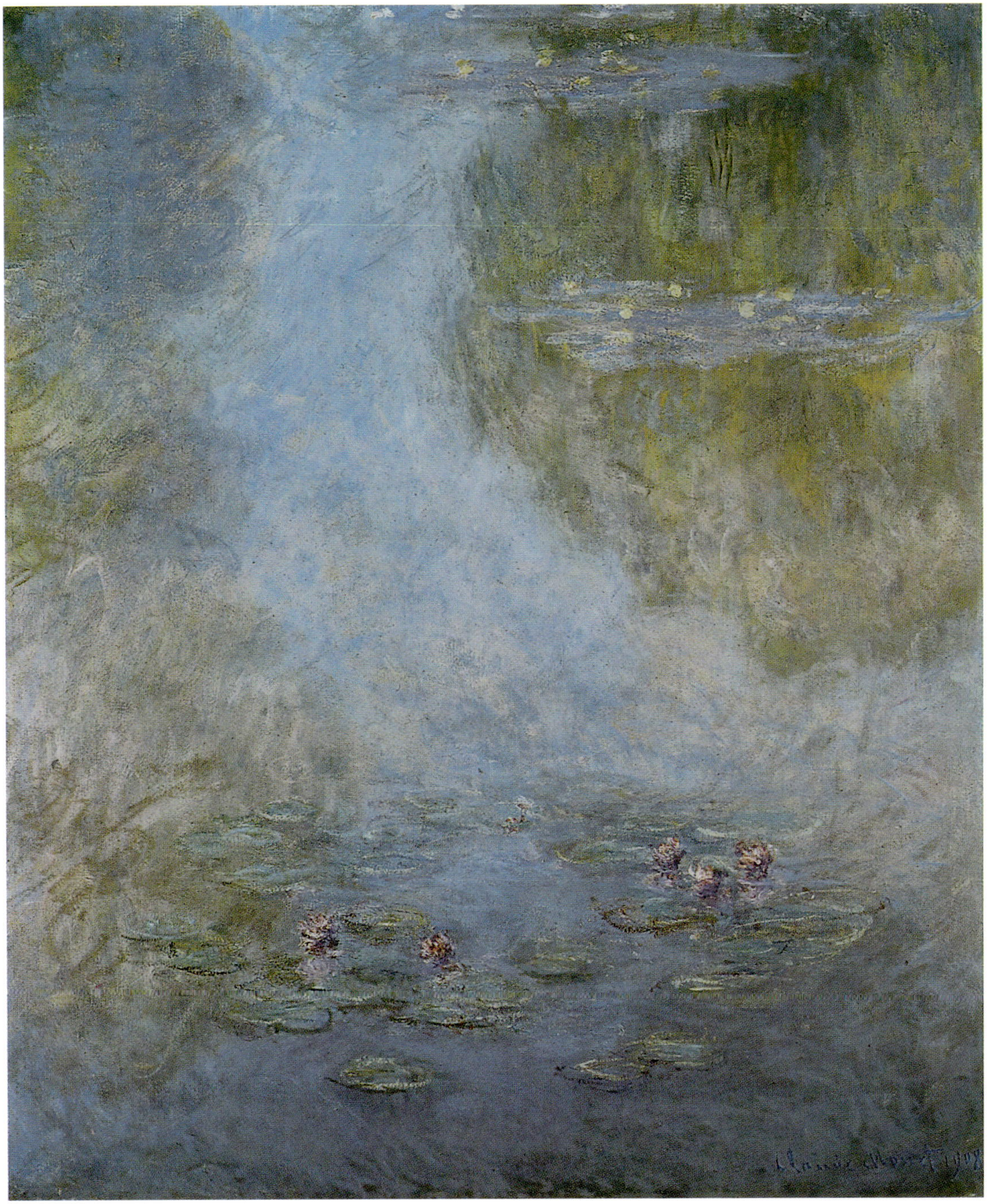

Nymphéas
1908
100 x 81 cm, W 1732
National Museums and Galleries of Wales, Cardiff.

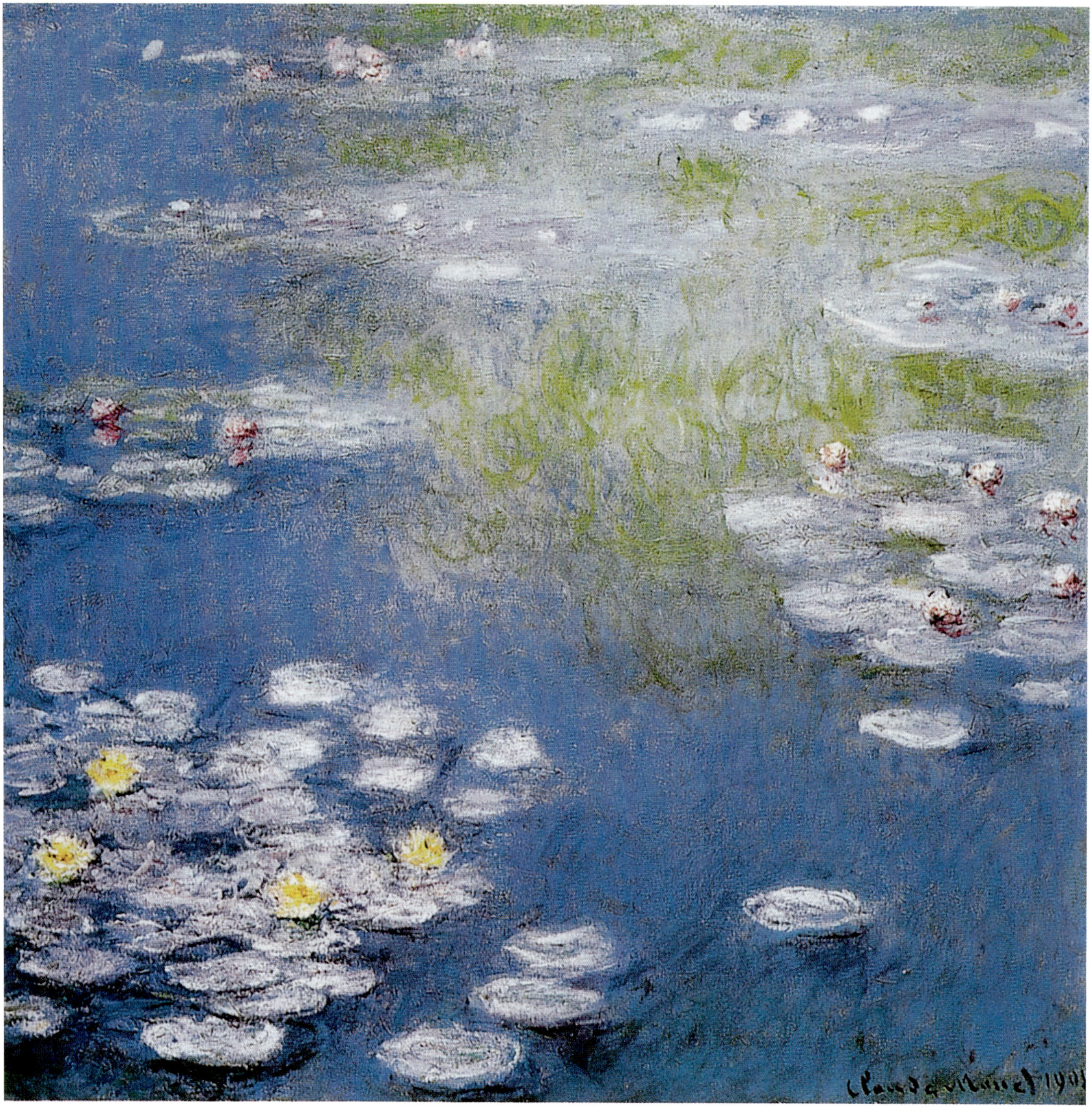

Nymphéas
1908
92 x 89 cm, W 1728
Collection particulière, Japon.

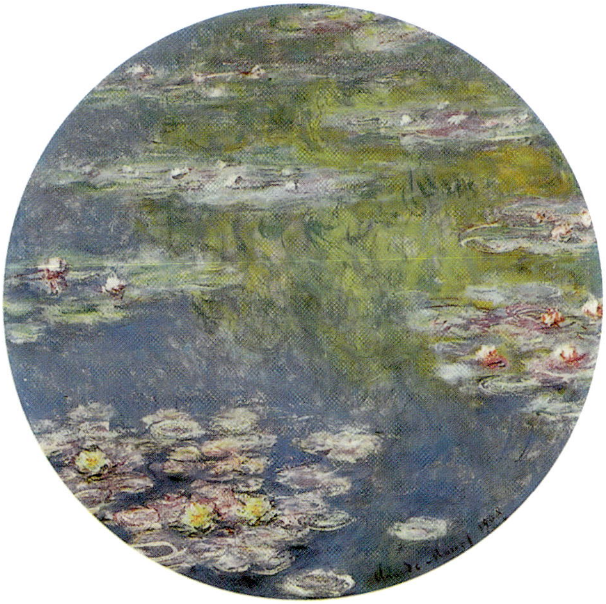

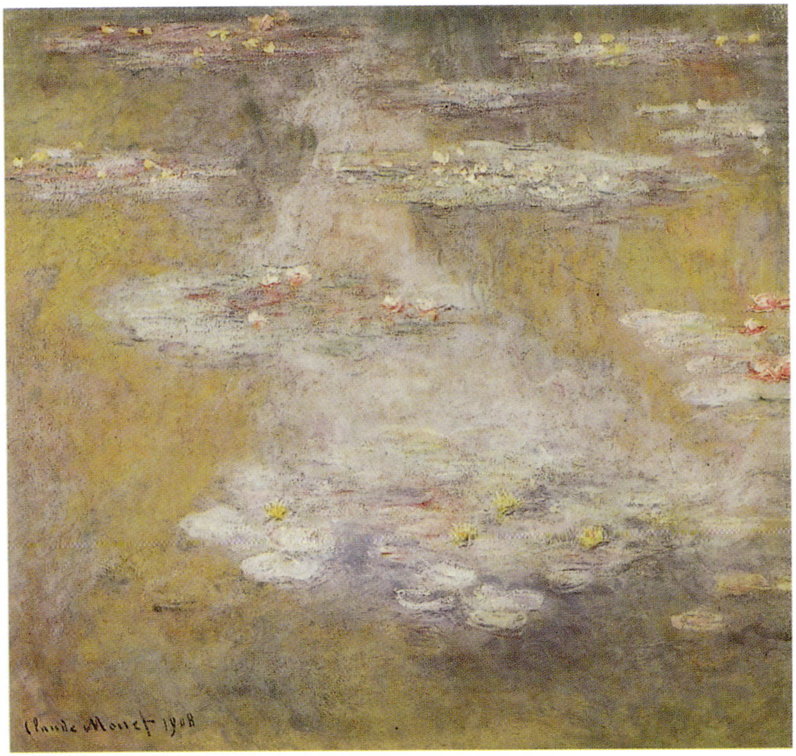

Nymphéas
1908
90 x 92 cm, W 1721
Collection particulière, Japon.

Nymphéas
1908
diam. 81 cm, W 1729
Dallas Museum of Art.

1914

Études en

nature

vues d'après

1926

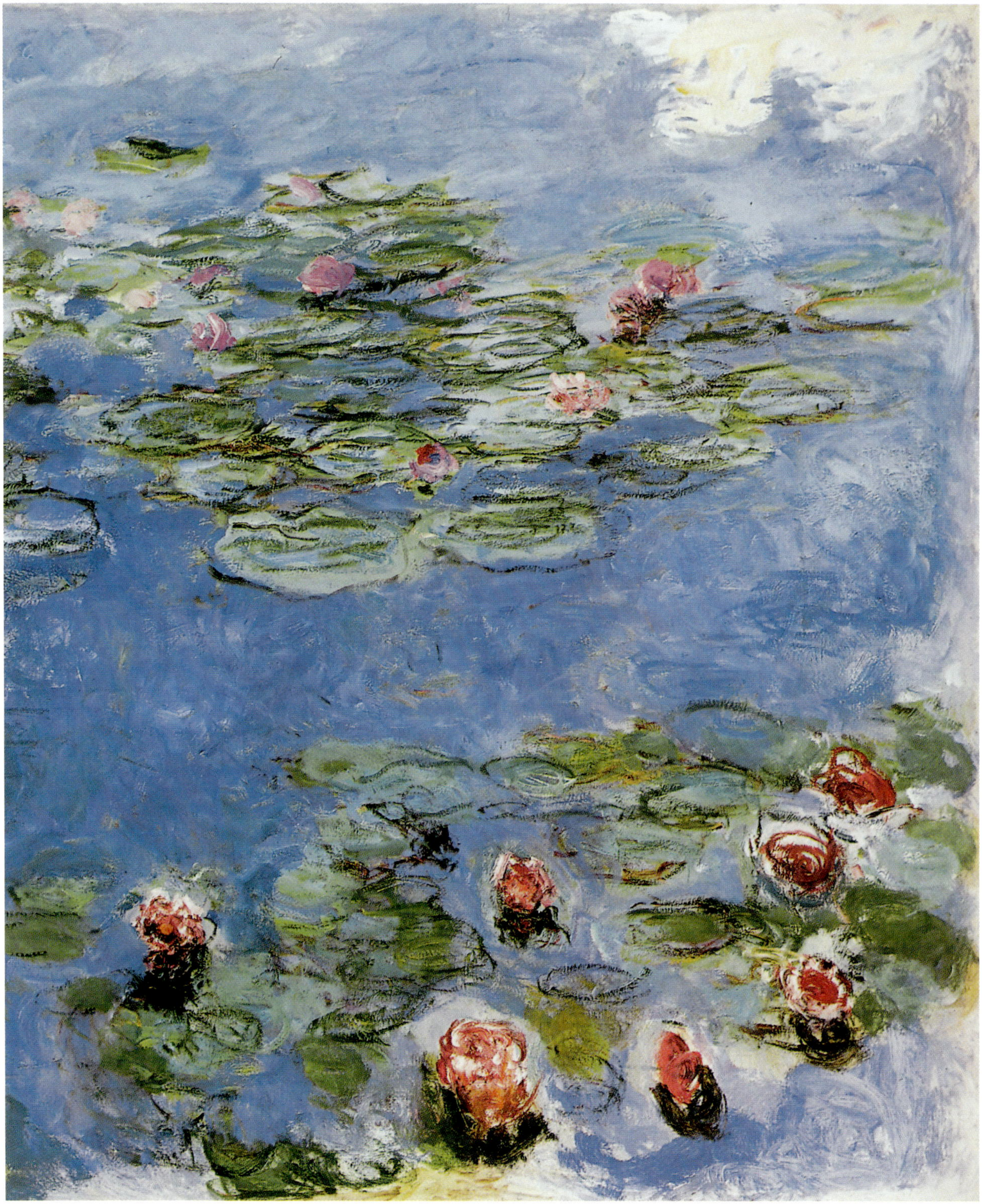

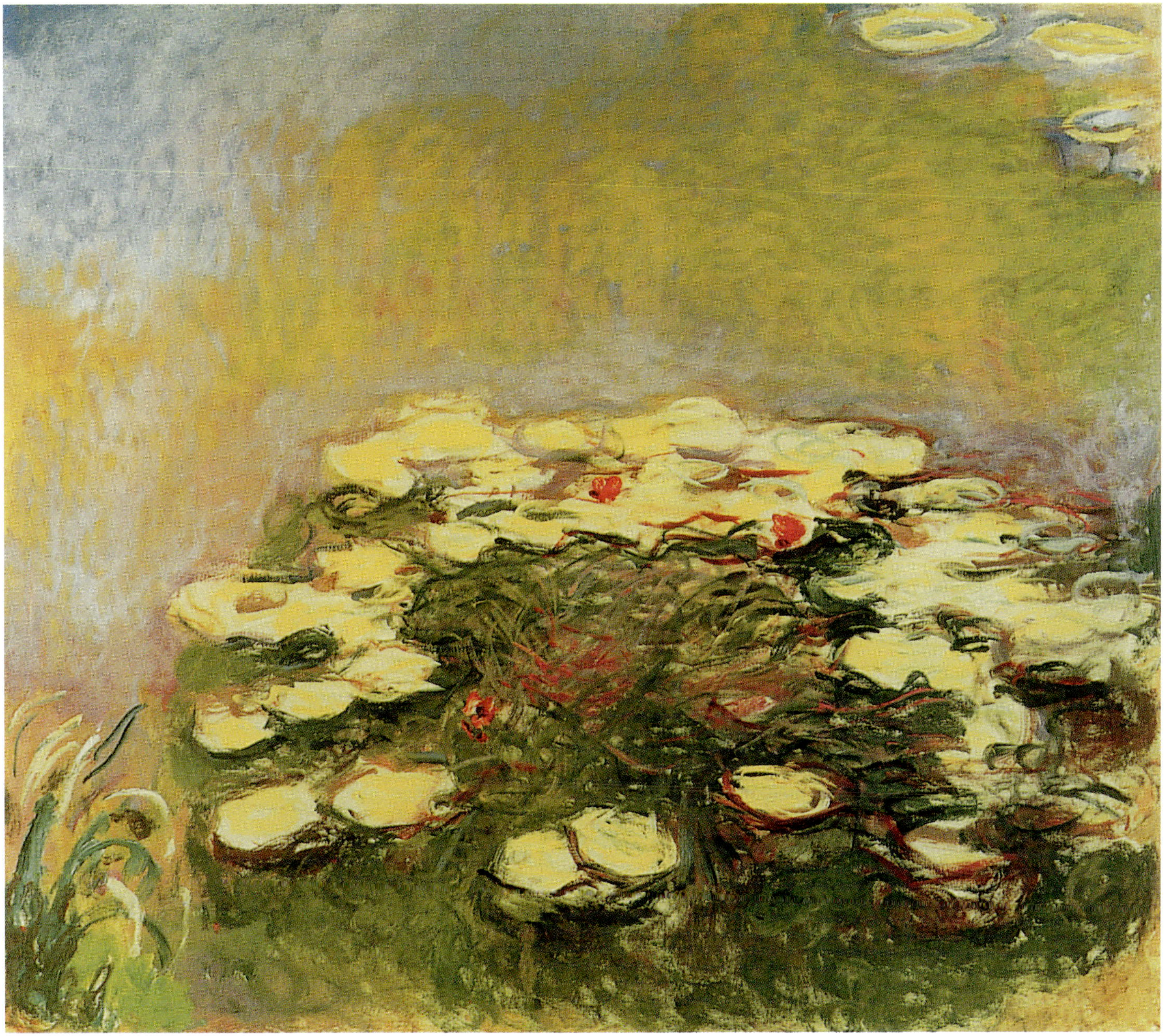

Nymphéas rouges
[1914-17?]
180 x 146 cm, W 1788
Fine Arts Museums of San Francisco, Mildred Anna Williams Collection.

Nymphéas
[1914-17?]
180 x 200 cm, W 1810
Collection particulière, Japon.

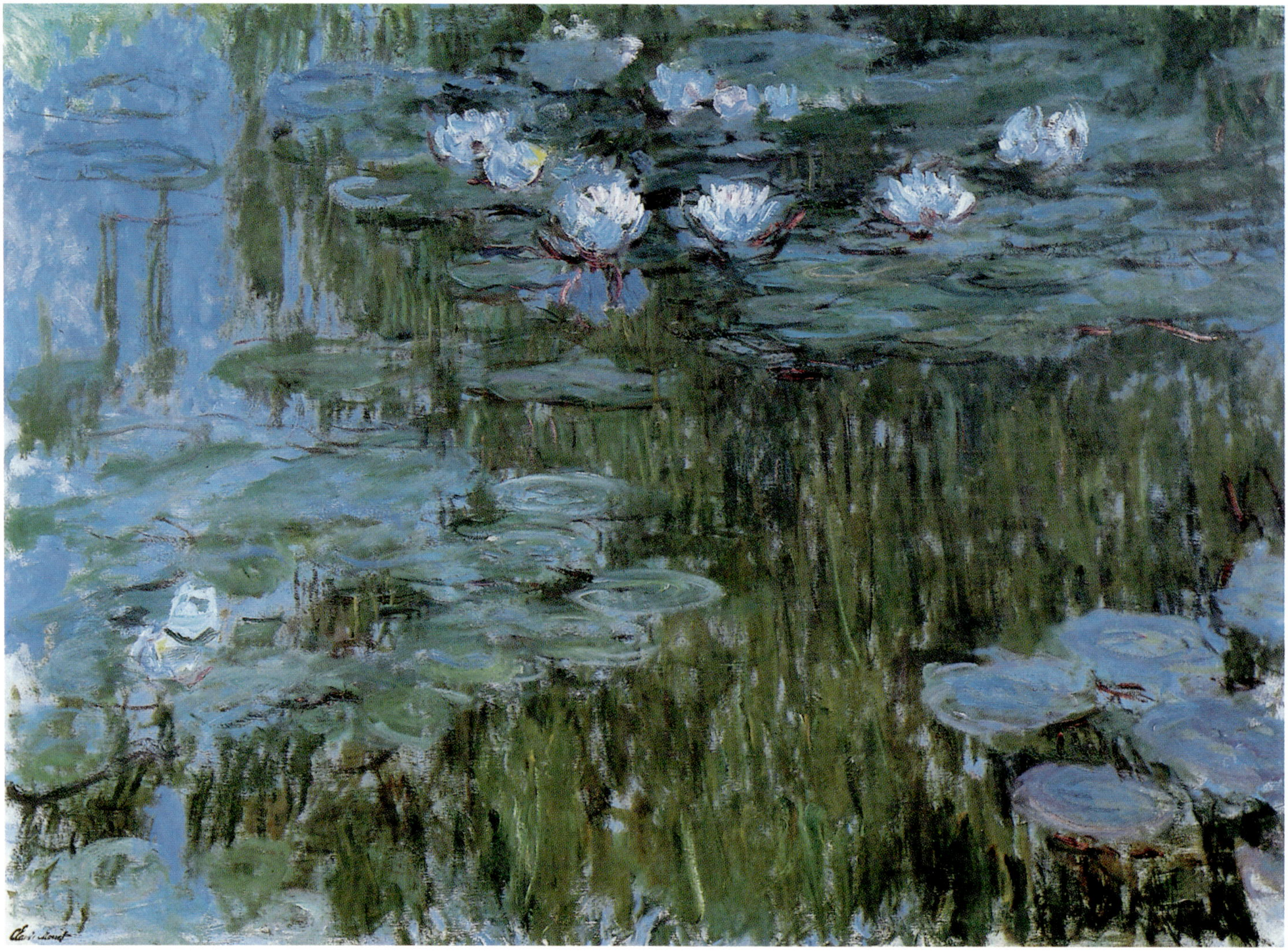

Nymphéas
[1914-17?]
150 x 200 cm, W 1791
Musée Marmottan,
Paris.

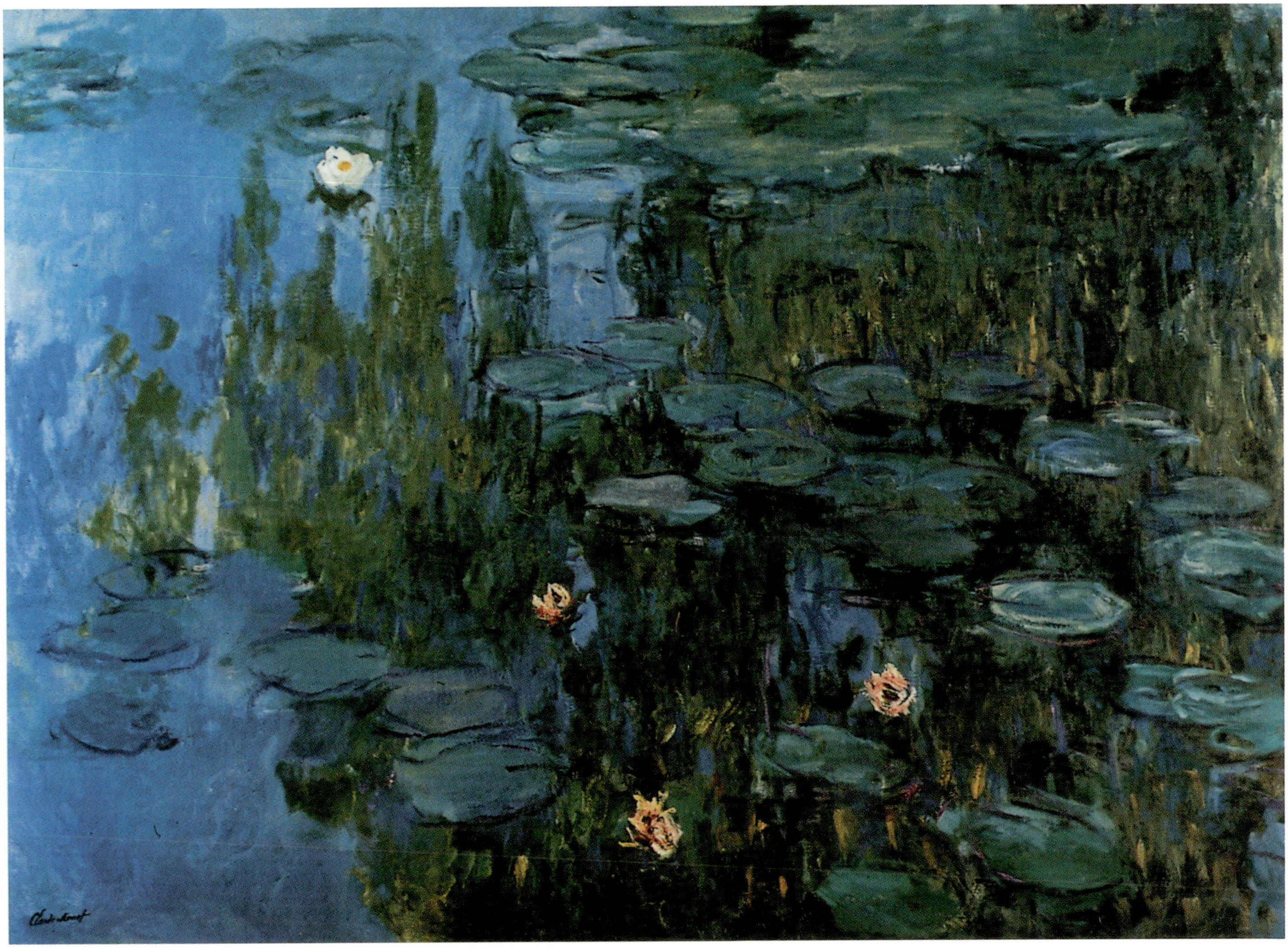

Nymphéas
[1914-17?]
150 x 200 cm, W 1796
Bayerische Staatsgemälde-sammlungen, Neue Pinakothek, Munich.

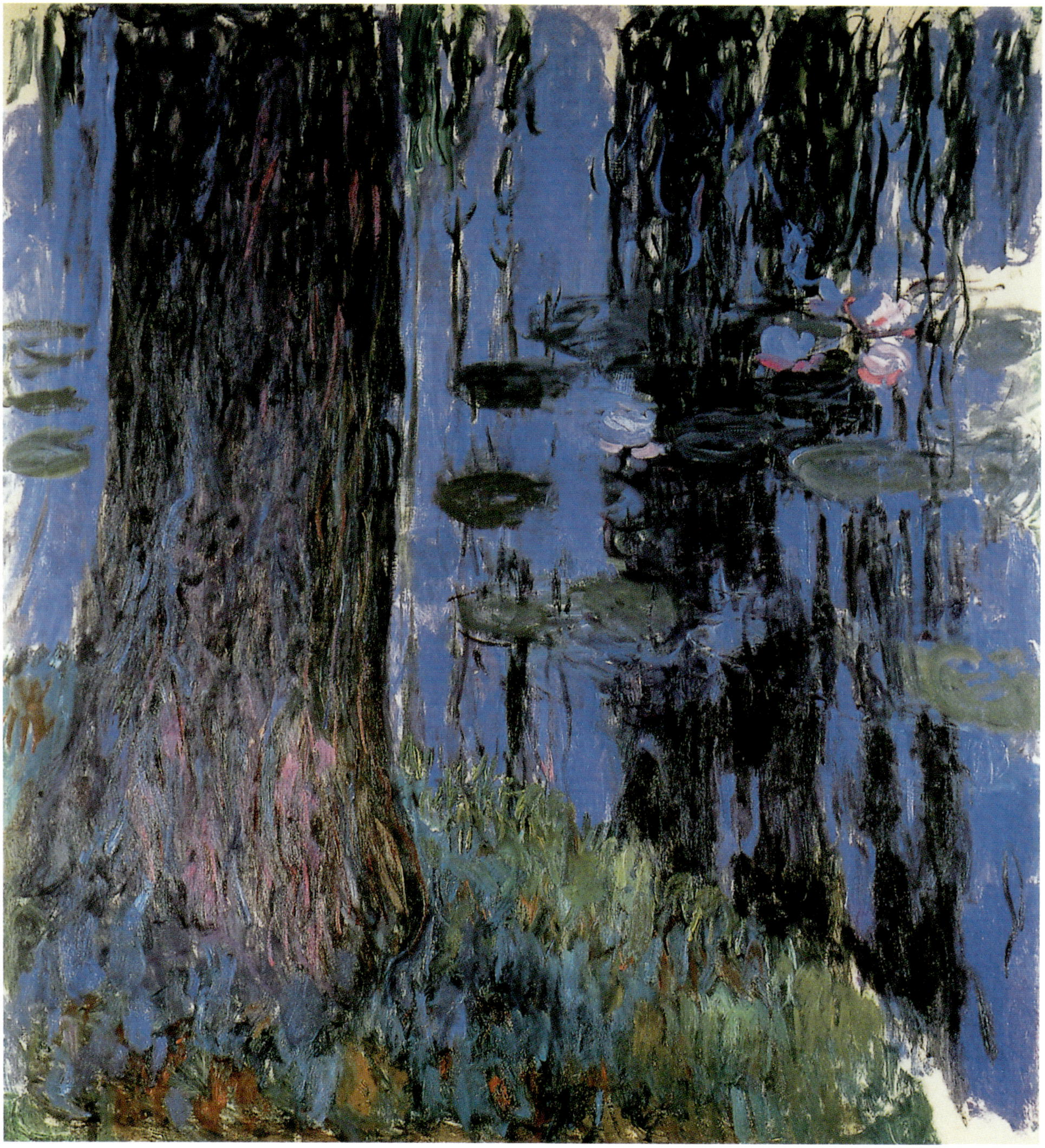

Saule pleureur et bassin aux nymphéas

[1914-19?]

200 x 180 cm, W 1849

Collection particulière, États-Unis.

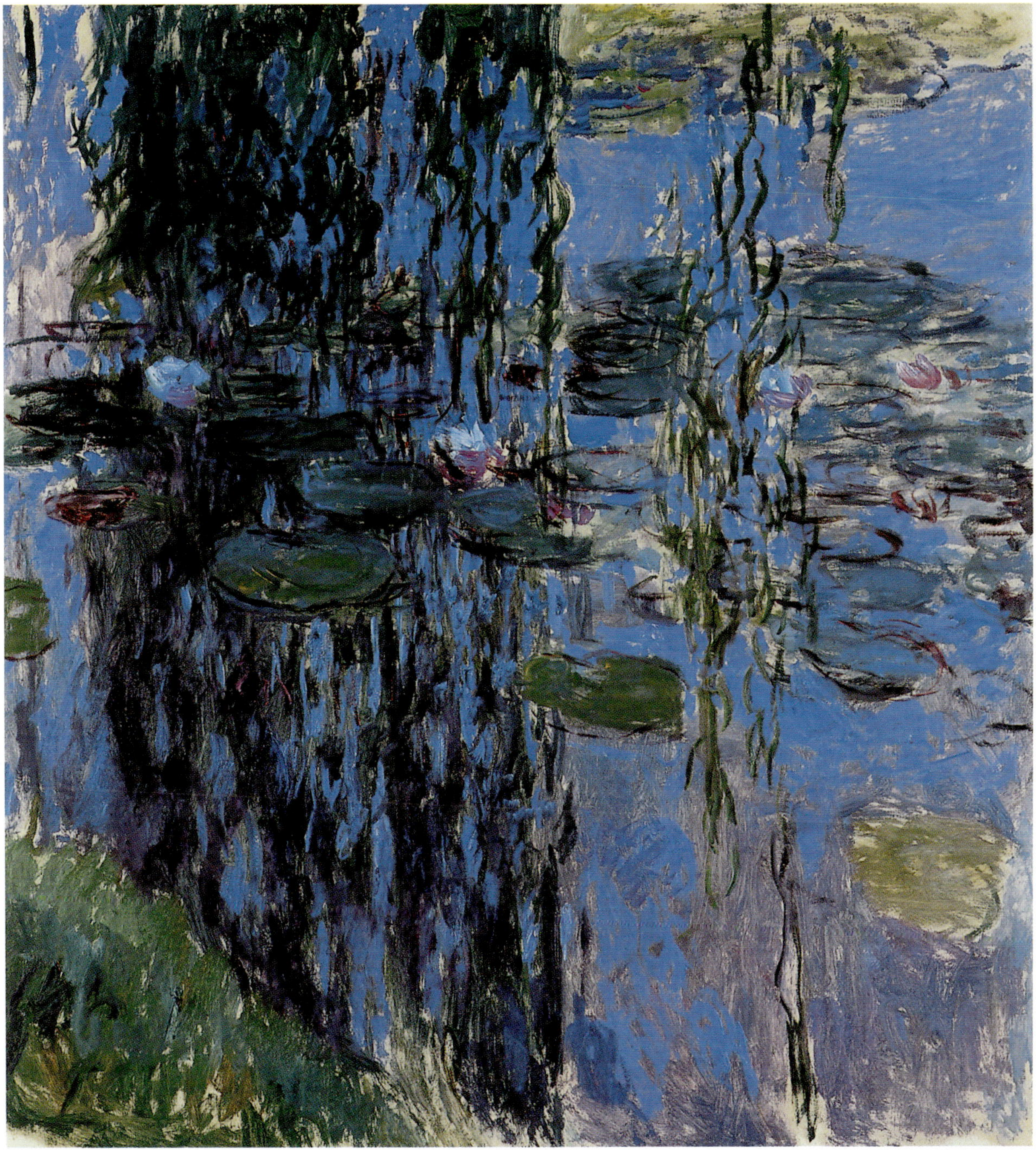

Nymphéas
[1914-19 ?]
200 x 180 cm, W 1850
Musée Marmottan,
Paris.

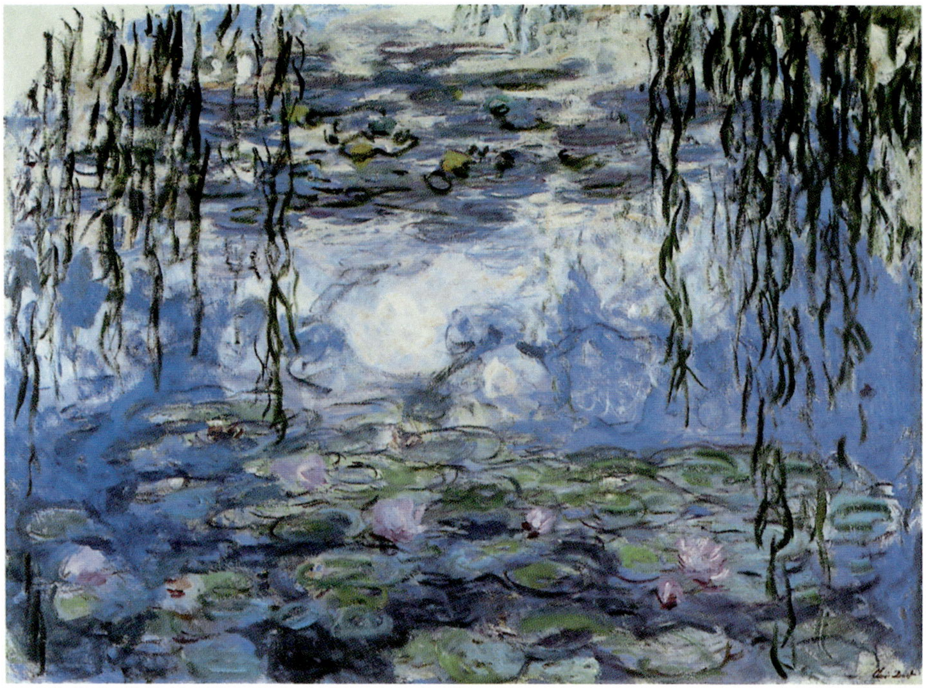

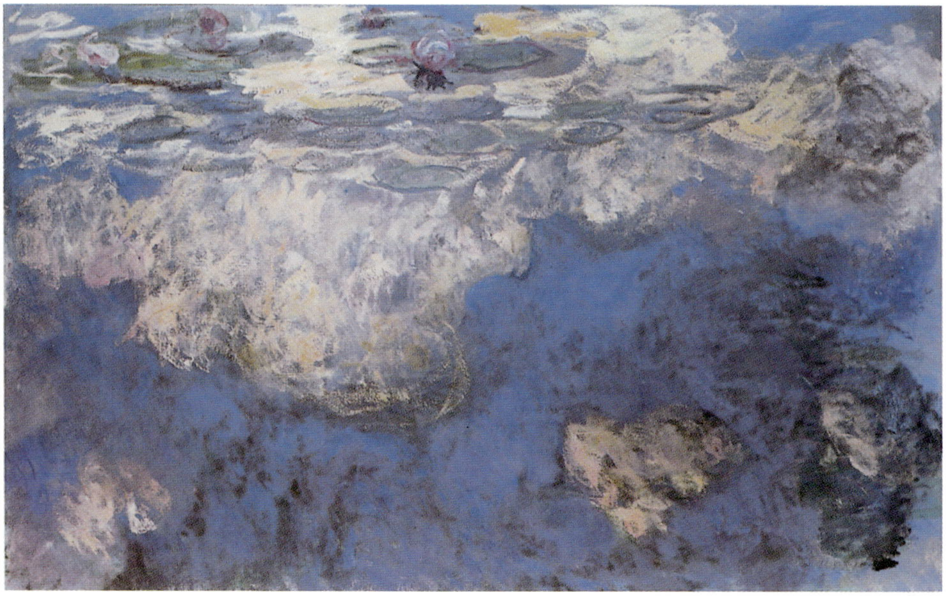

Nymphéas
[1914-19?]
150 x 197 cm, W 1852
Musée Marmottan,
Paris.

Nymphéas
[1914-19?]
130 x 200 cm, W 1856
Collection
Larock-Granoff,
Paris.
(détail page suivante)

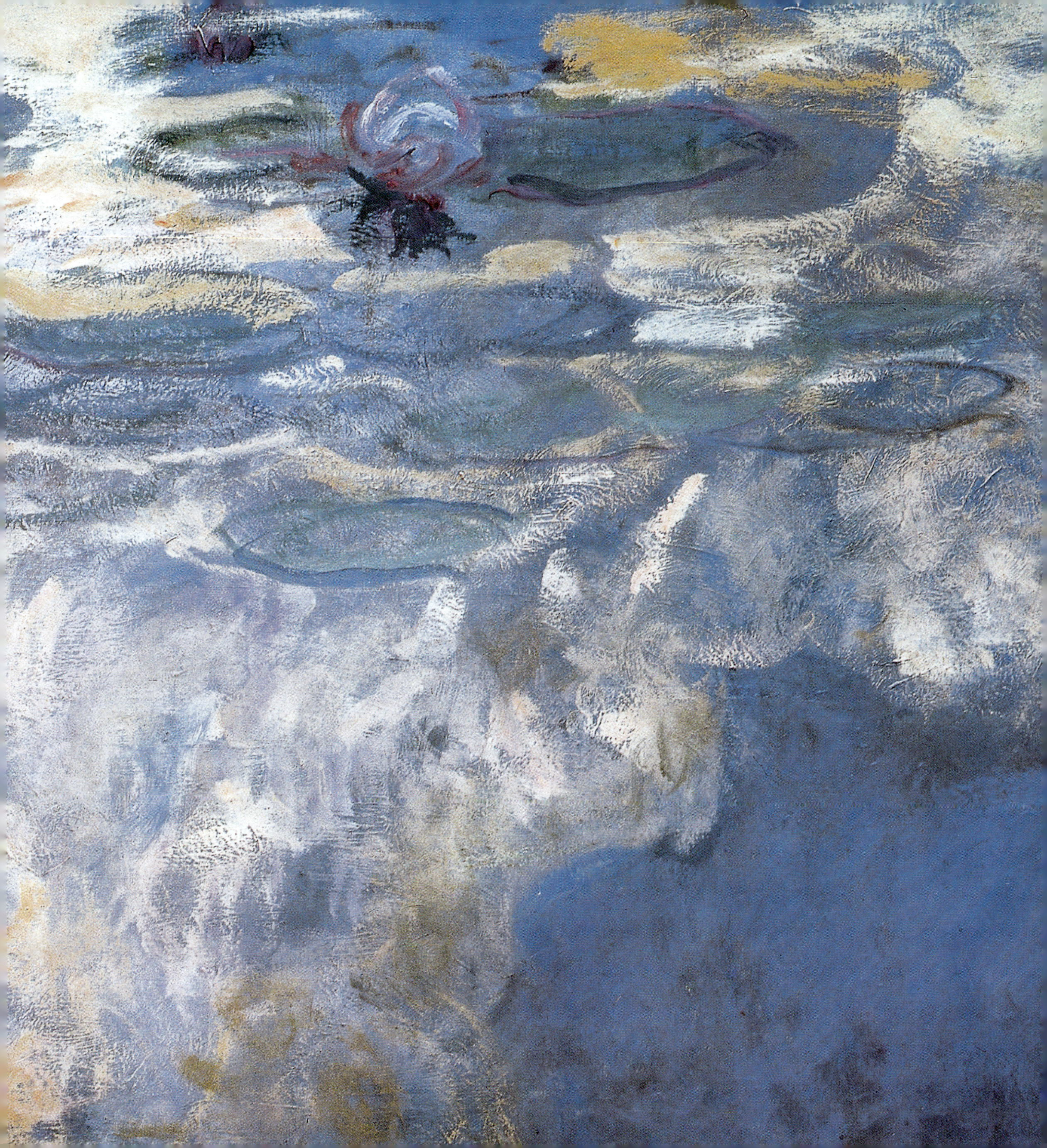

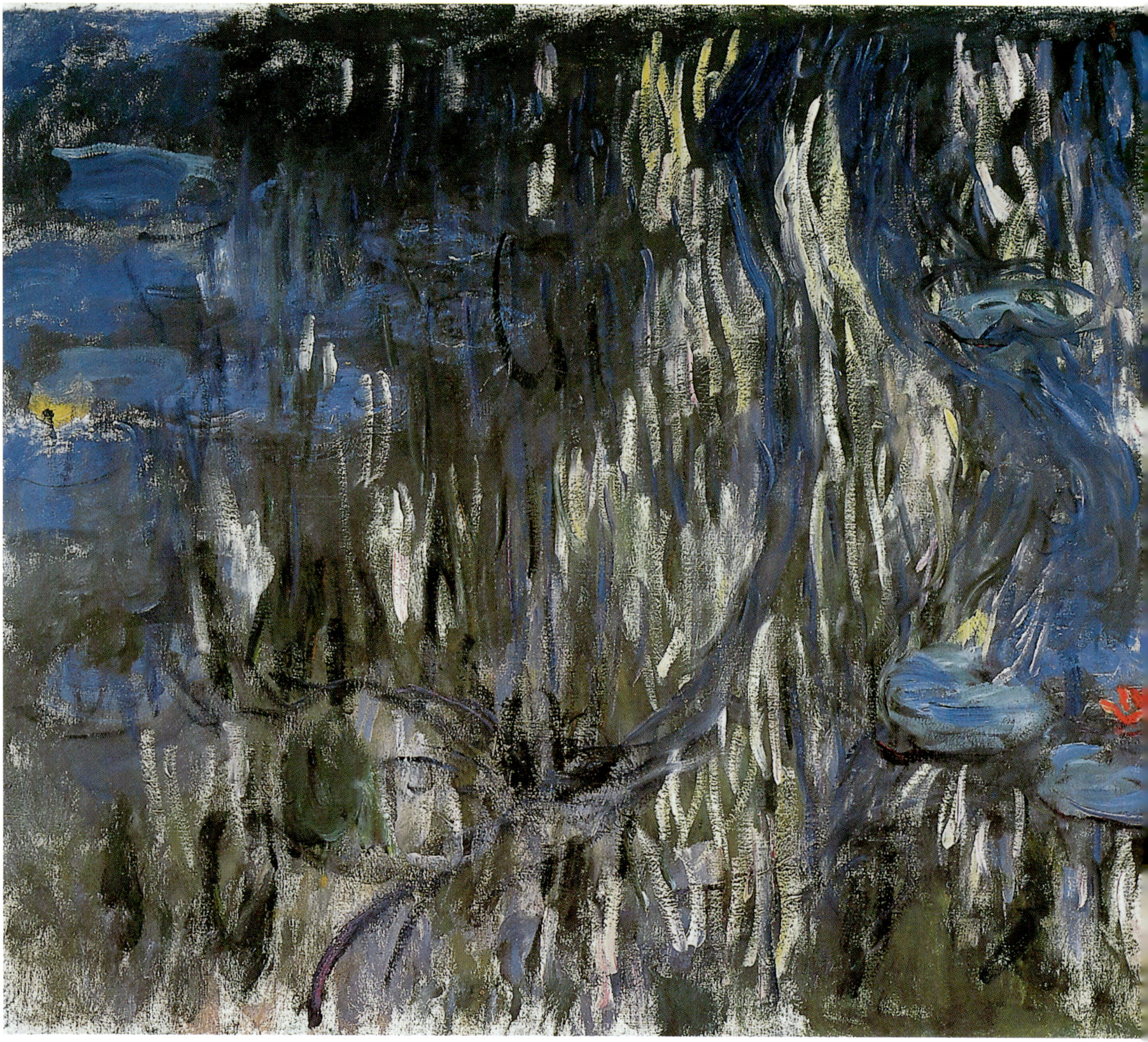

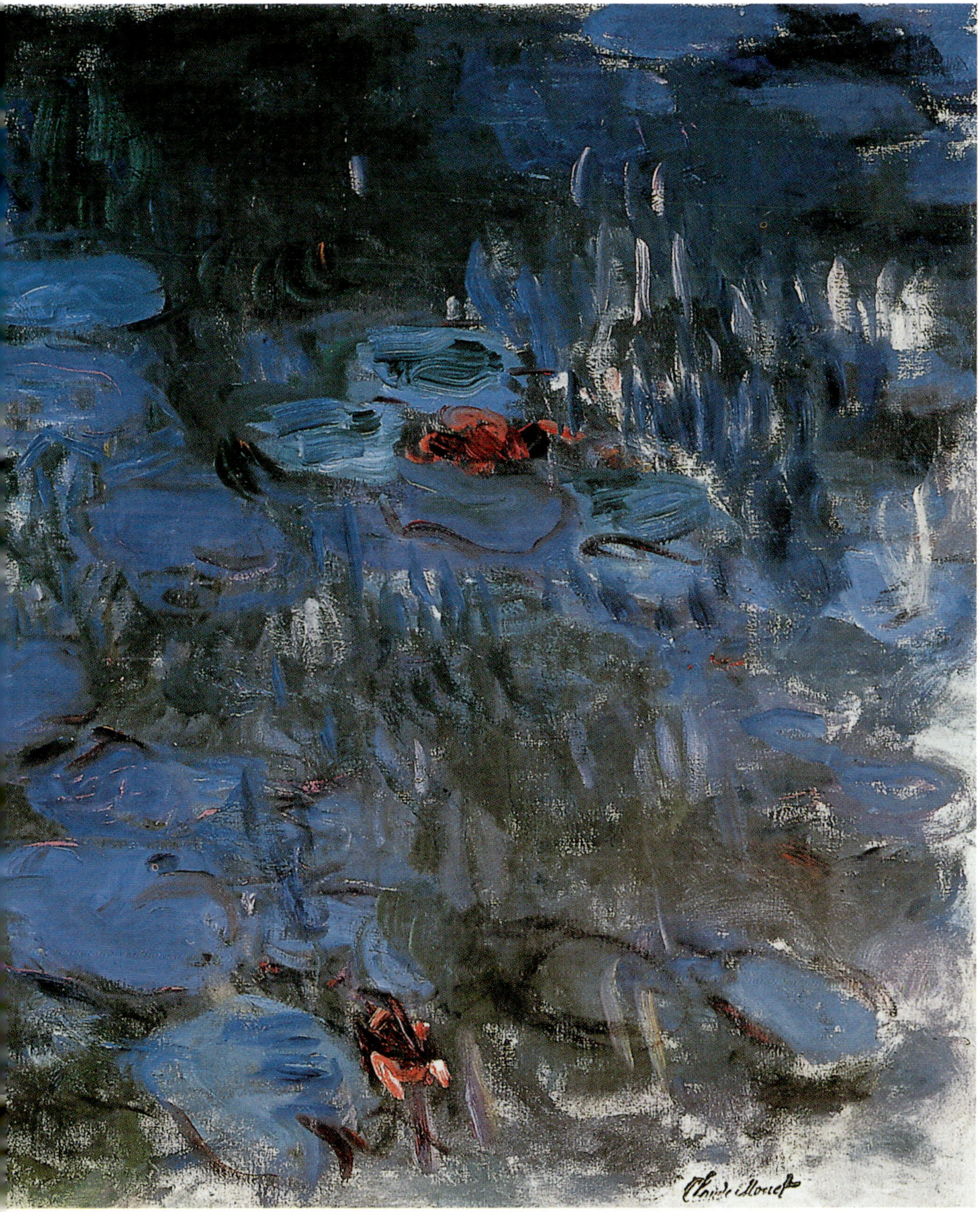

Nymphéas, reflets de saules
[1915-19?]
100 x 200 cm, W 1857
Benesse Corporation, Japon.

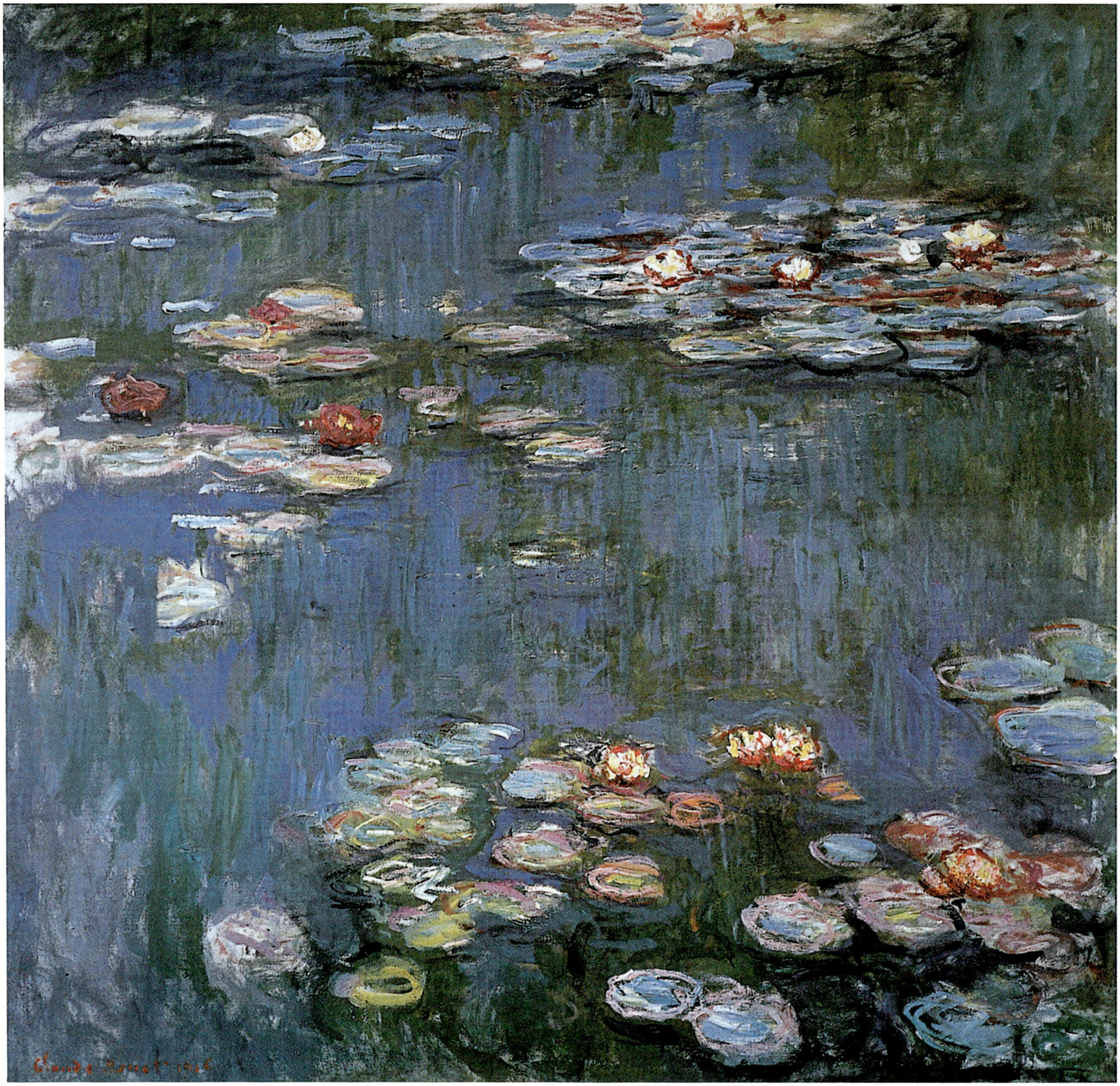

Nymphéas
[1914-17?, daté
a posteriori 1916]
200 x 200 cm, W 1800
National Museum
of Western Art,
Matsukata
Collection, Tokyo.

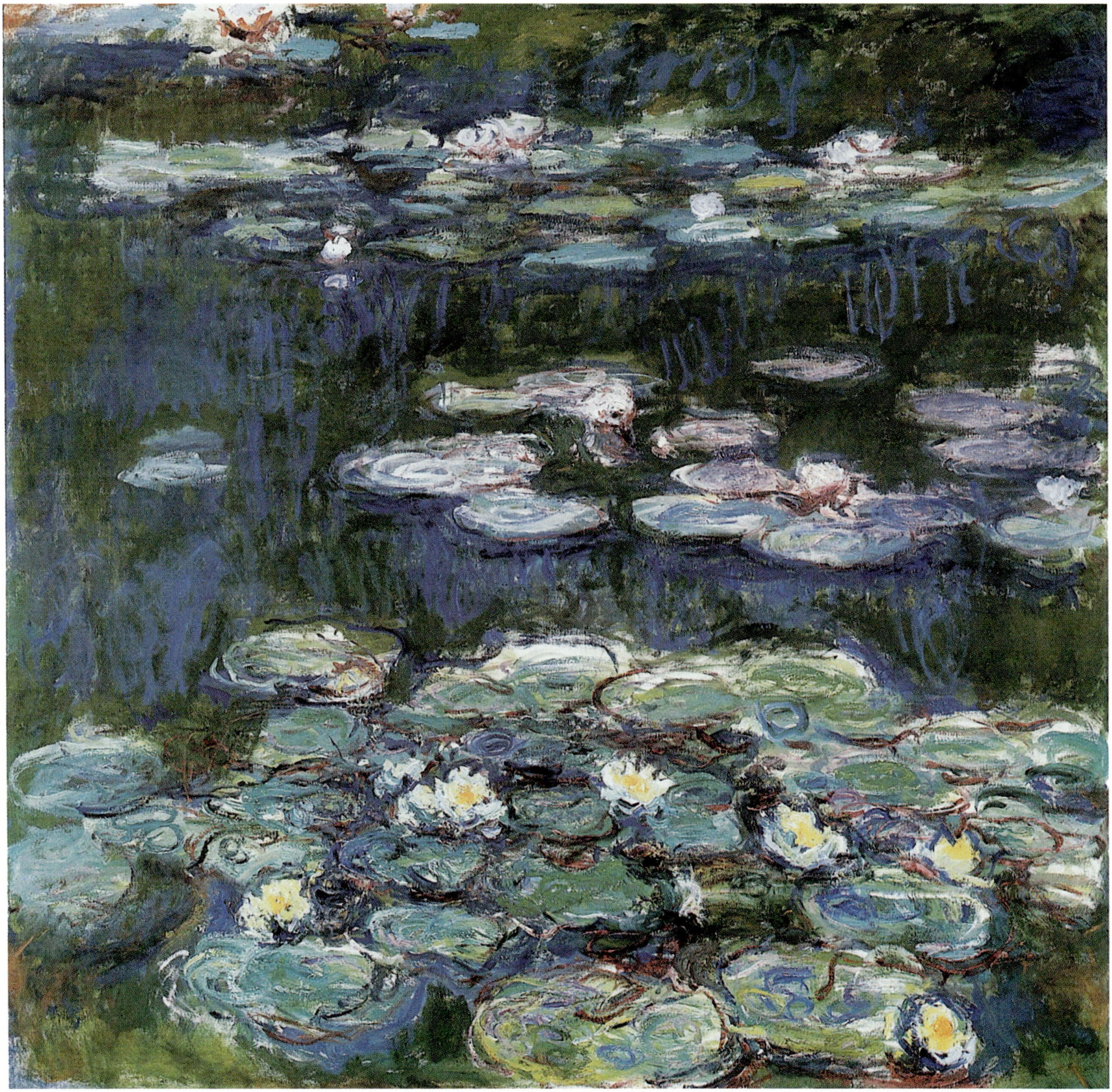

Nymphéas blancs et jaunes
[1914-19?]
200 x 200 cm, W 1801
Kunstmuseum, Winterthur, don du Galerieverein.

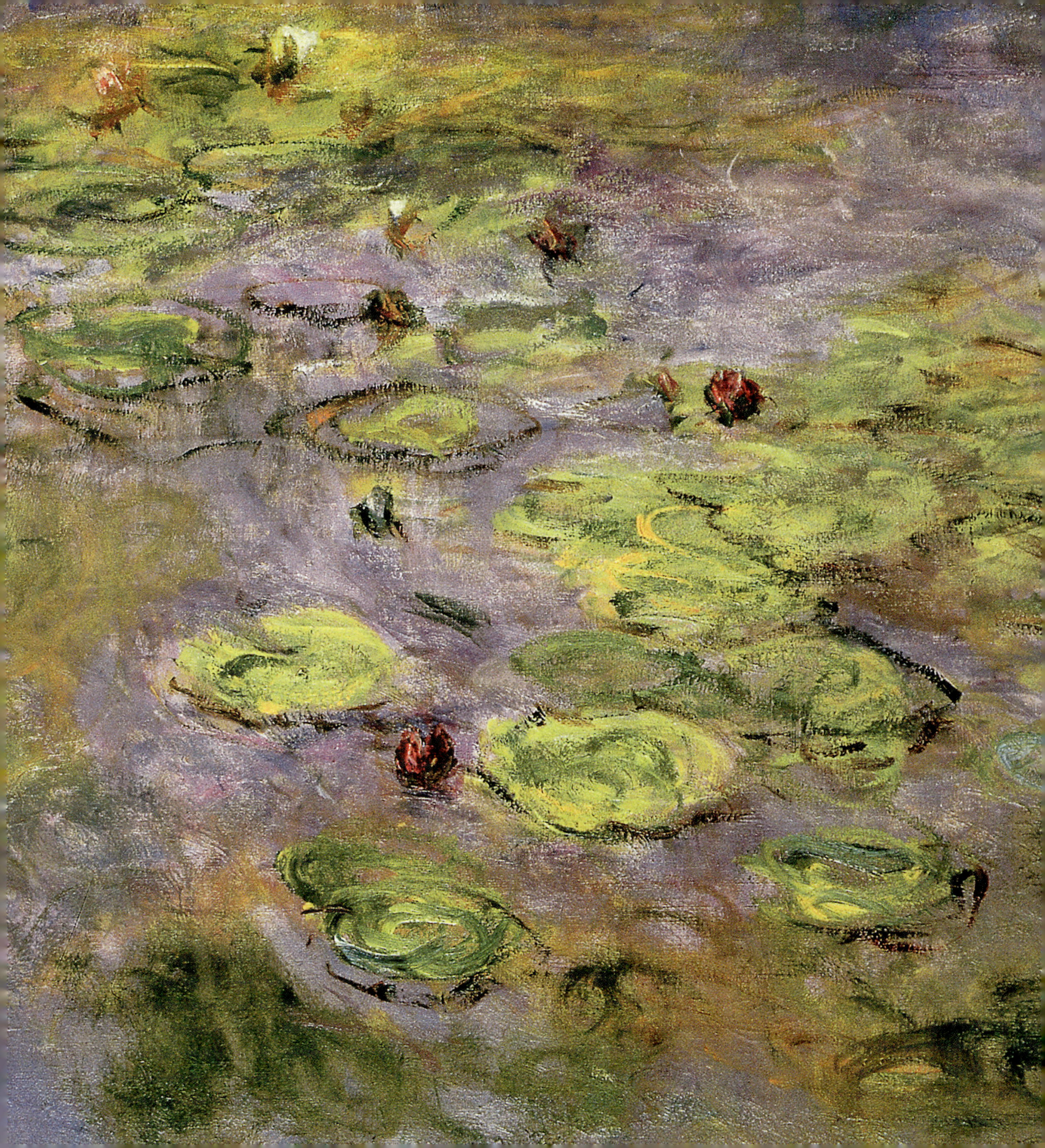

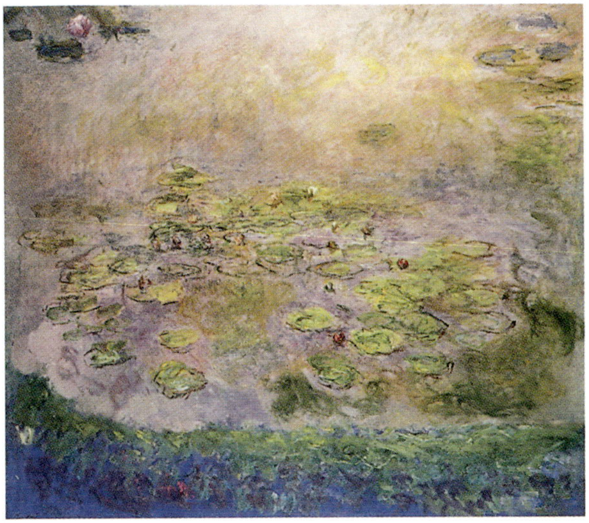

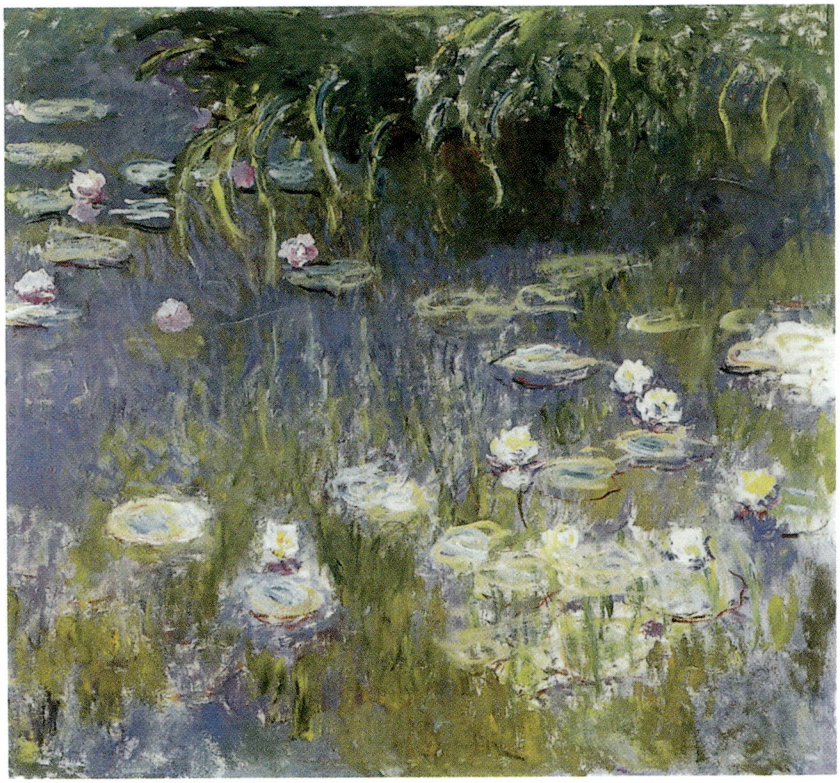

Nymphéas
[1914-19?]
180 x 200 cm, W 1807
National Gallery
of Australia,
Canberra.
(détail page
précédente)

*Nymphéas
jaunes et lilas*
[1914-19?
ou 1921-22?]
200 x 215 cm, W 1804
Toledo Museum
of Art.

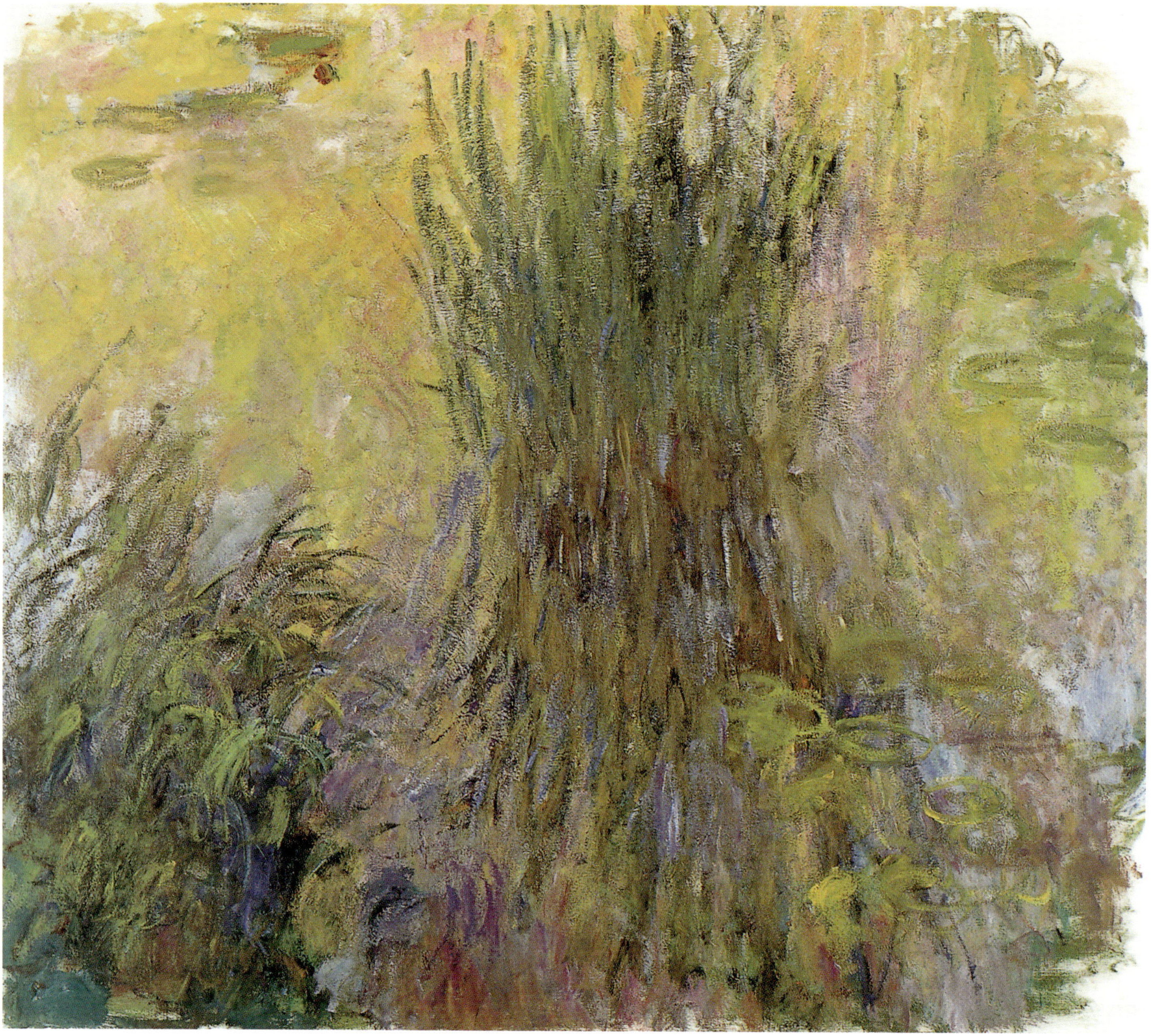

Nymphéas
[1914-19?]
180 x 200 cm, W 1816
Musée Marmottan,
Paris.

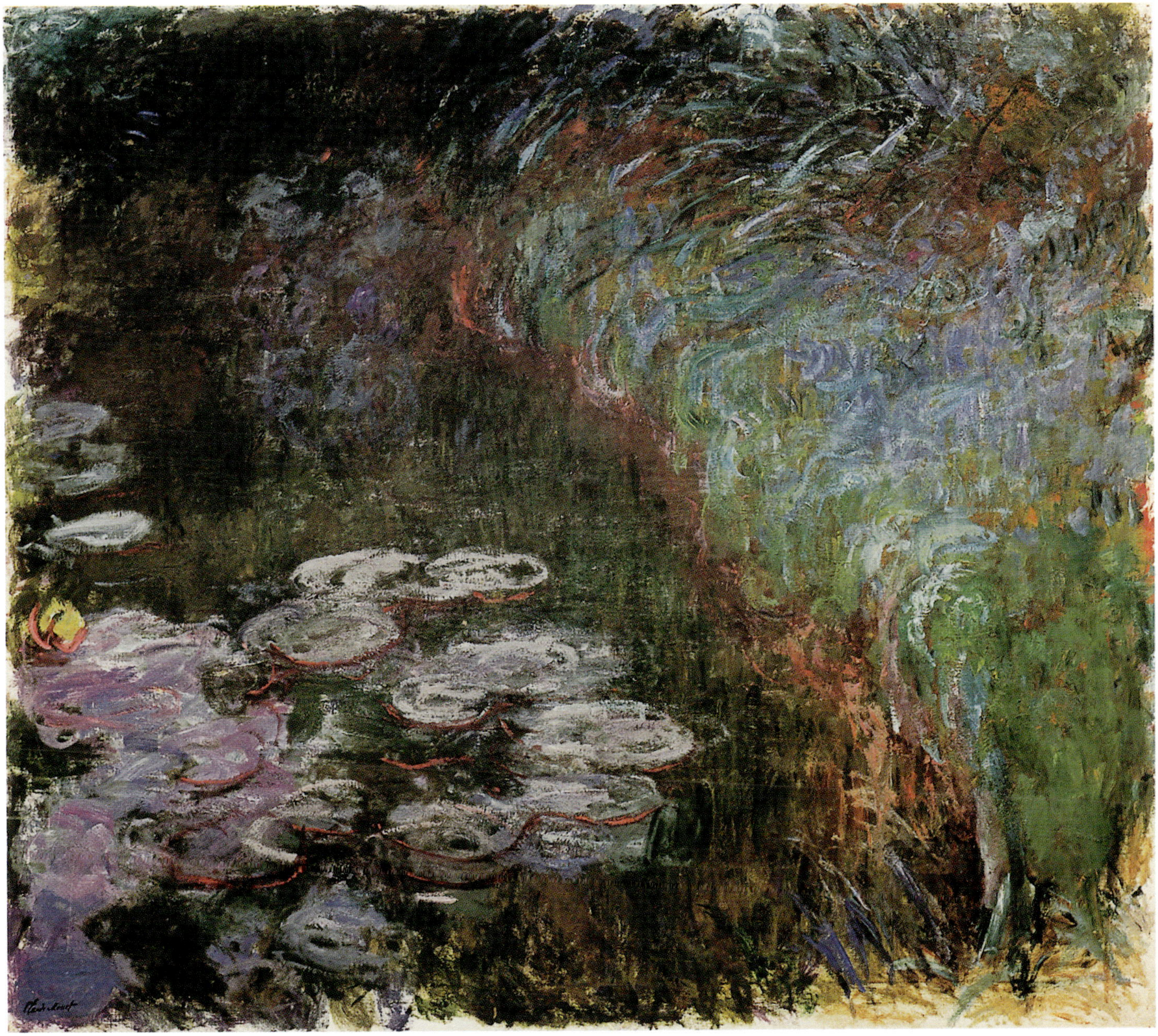

Nymphéas
[1914-19?]
180 x 200 cm, W 1815
Wallraf-Richartz-
Museum,
Cologne.

Nymphéas et agapanthes
[1914-19 ?]
140 x 120 cm, W 1821 (dimensions originales 200 x 130 cm)
Musée Marmottan, Paris.

Le Parterre aux agapanthes
[1914-19 ?]
200 x 180 cm, W 1822
Museum of Modern Art, New York, don de Sylvia Slifka en mémoire de Joseph Slifka.

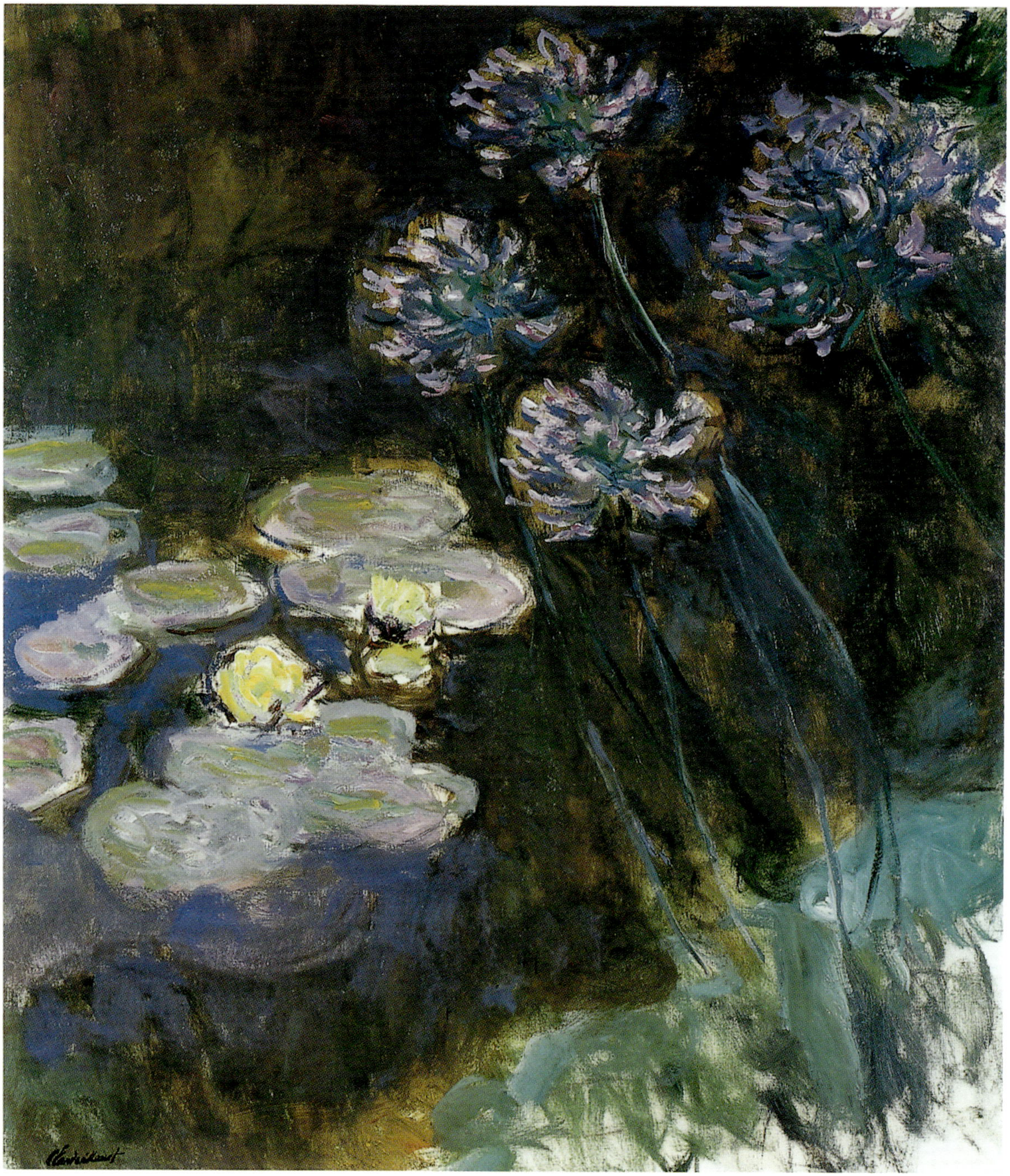

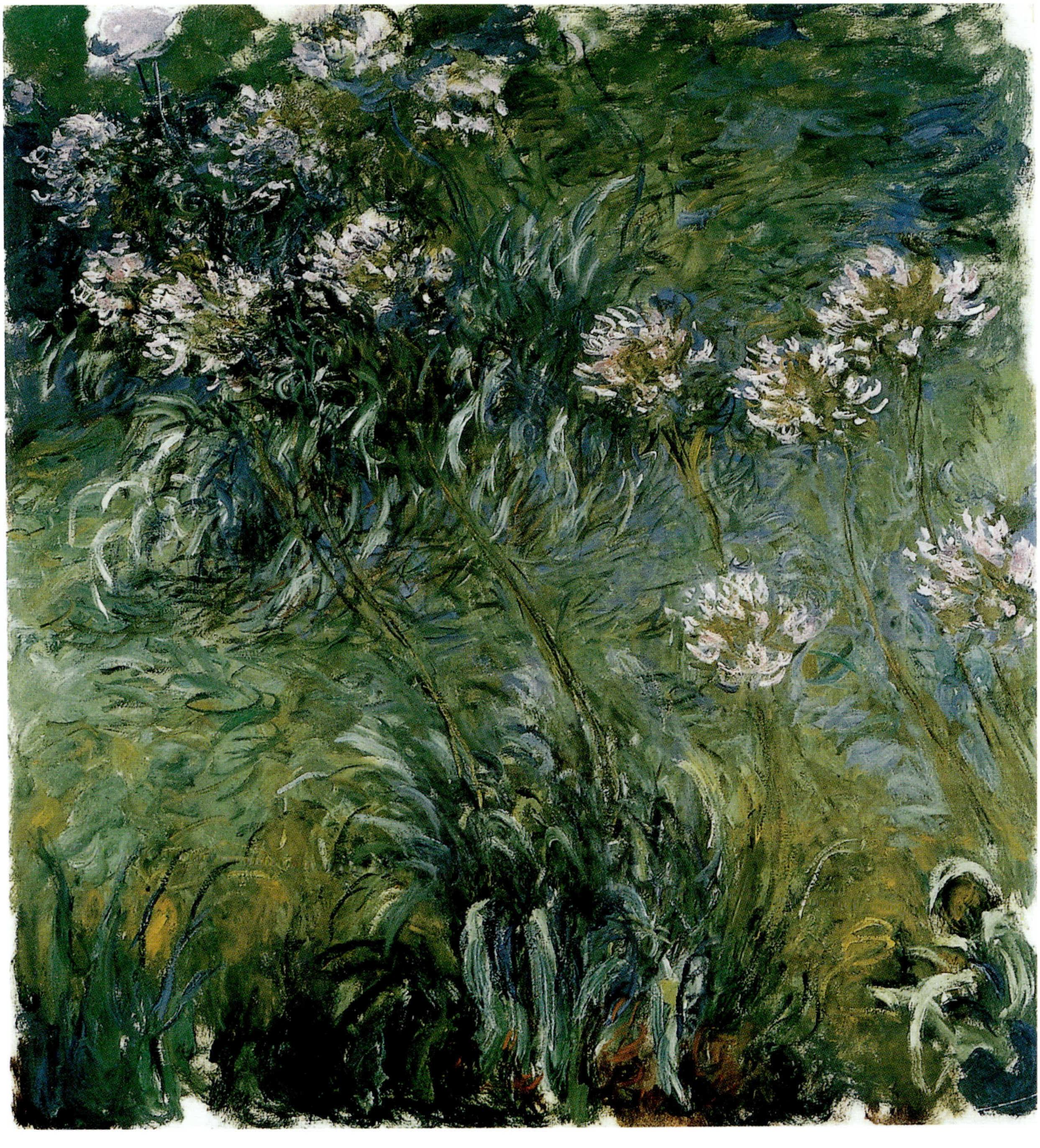

Iris
[1914-19 ?
ou 1921-22 ?]
200 x 150 cm, W 1832
Virginia Museum
of Fine Arts,
Richmond.

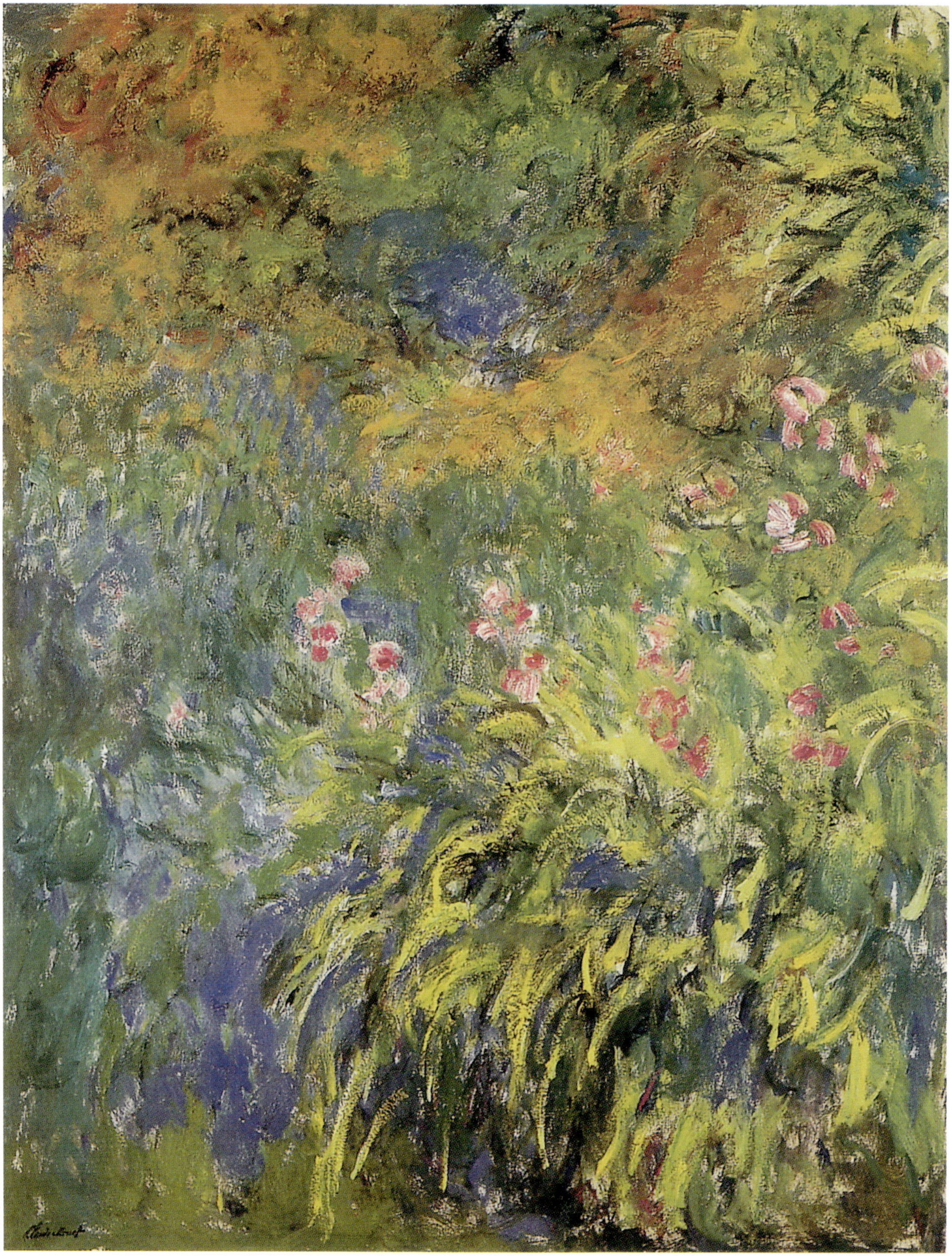

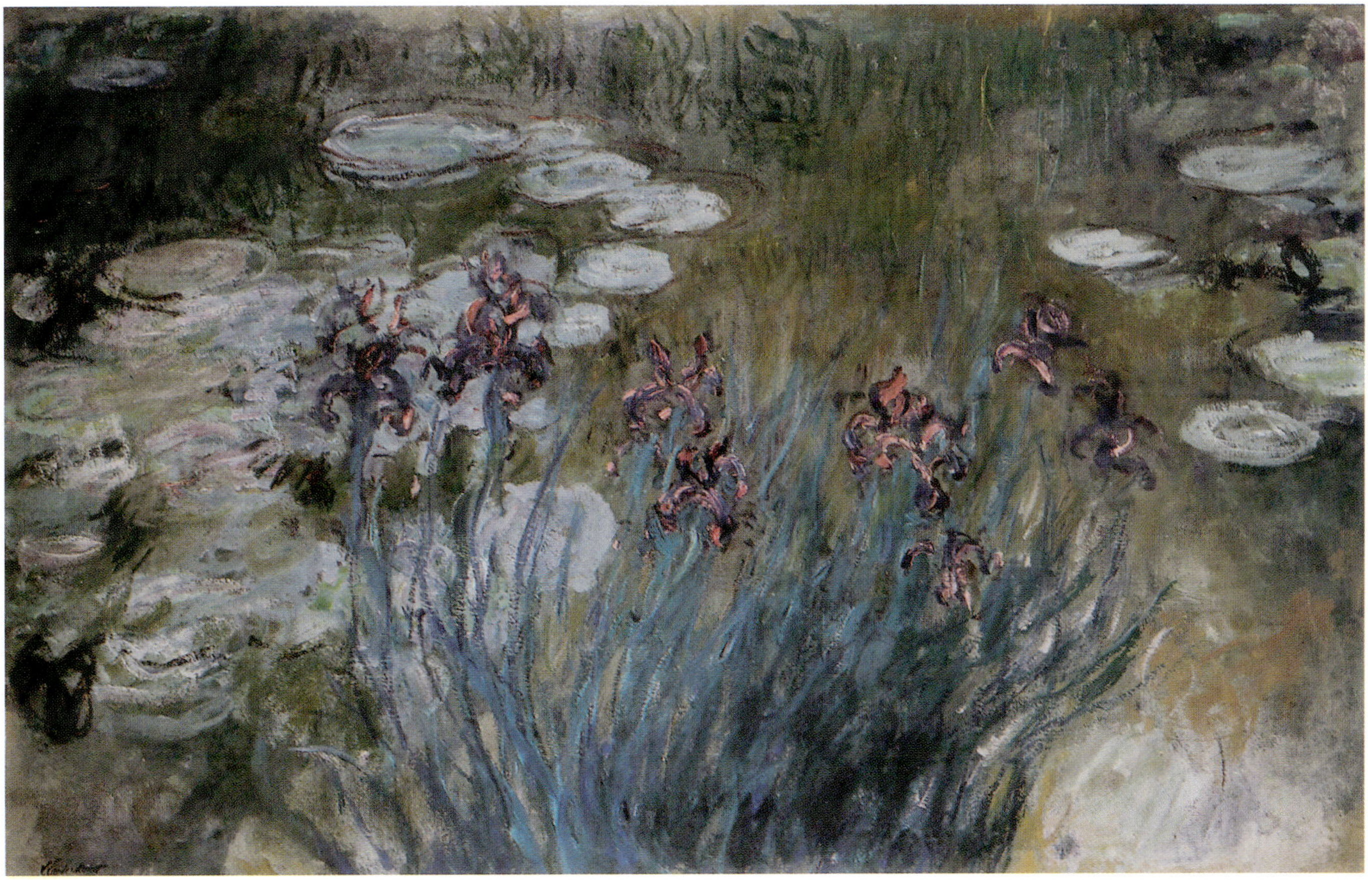

Iris et nymphéas
[1914-19?]
130 x 200 cm, W 1823
Collection
Larock-Granoff,
Paris.

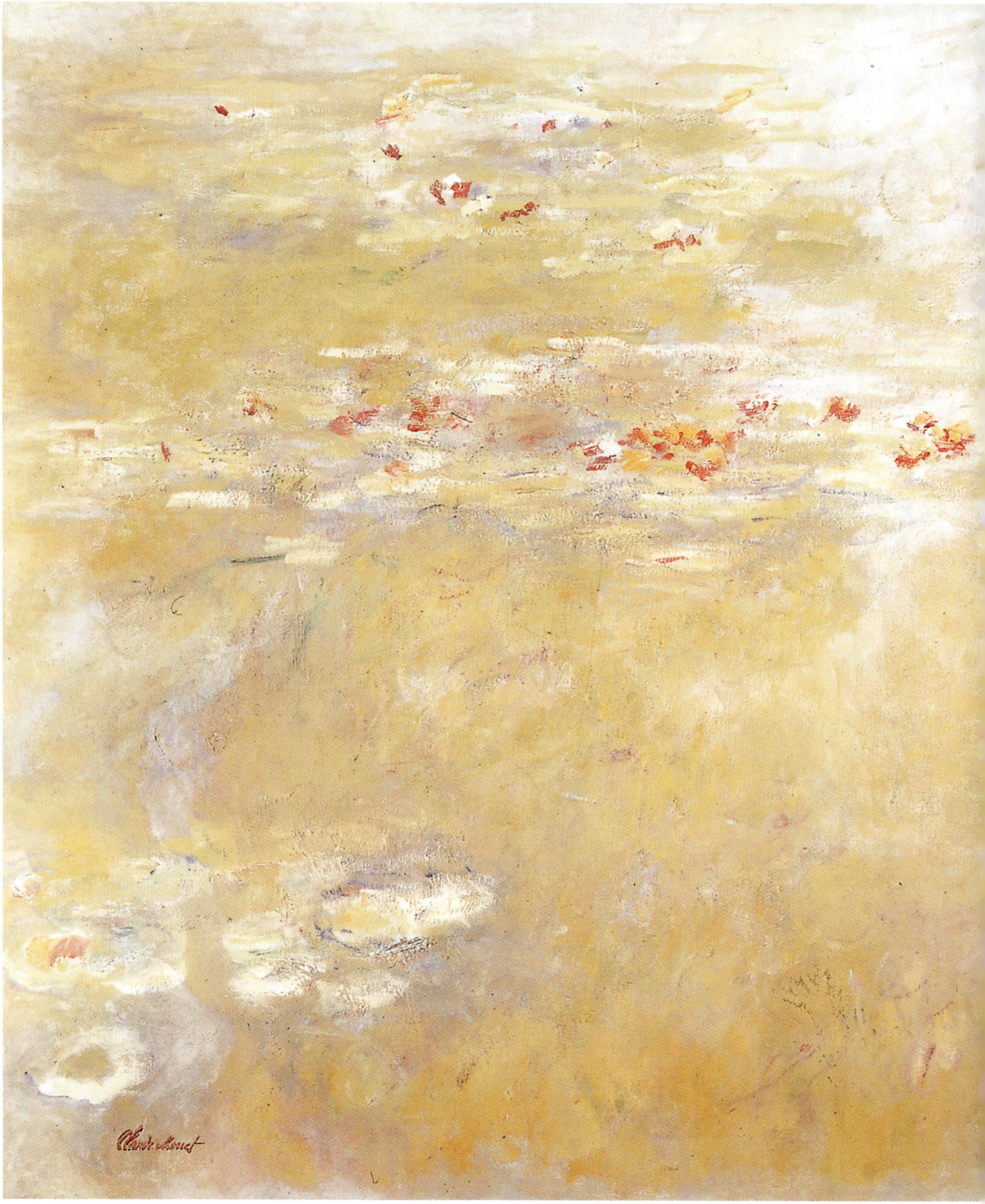

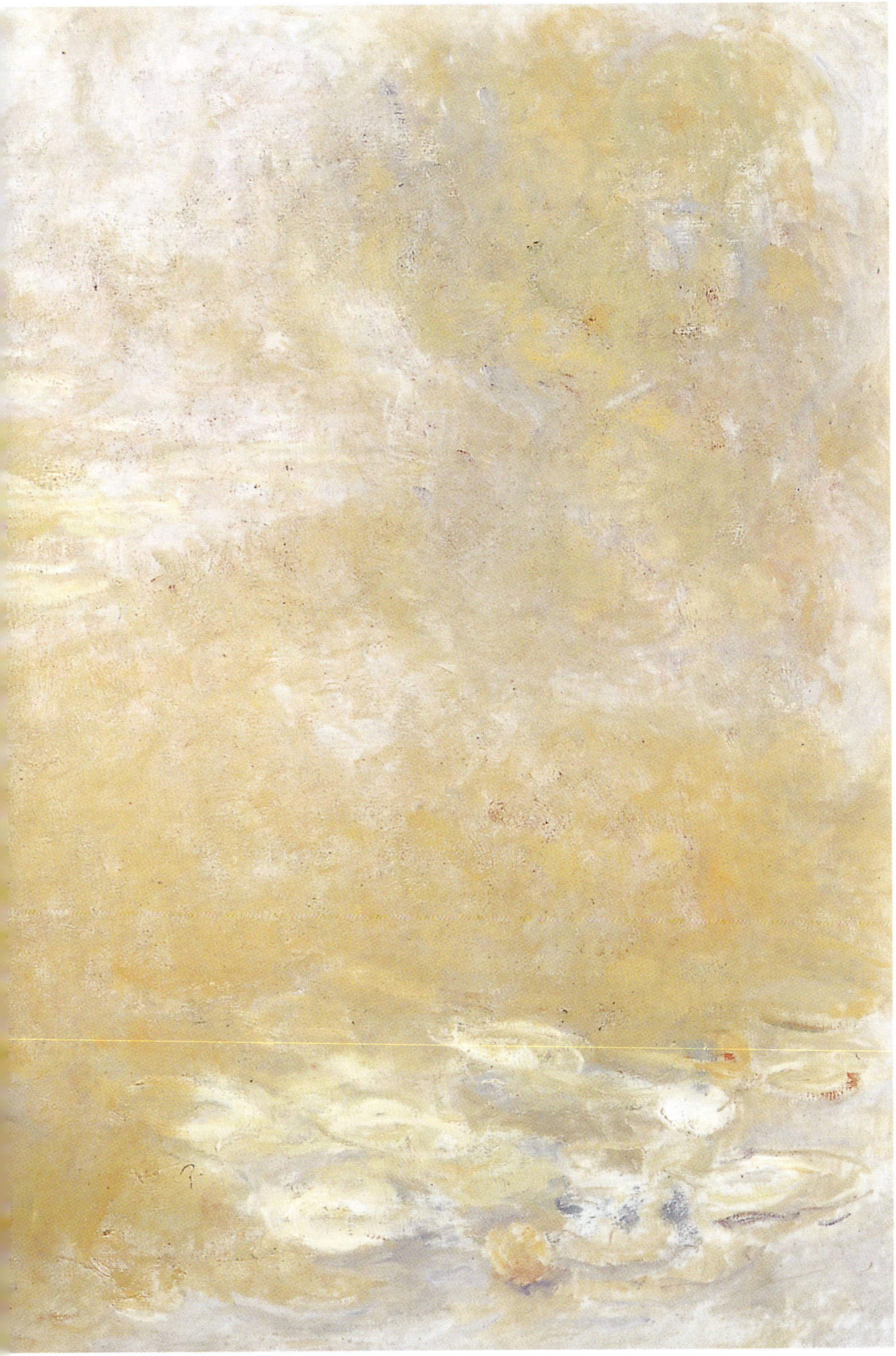

Le Bassin aux nymphéas
[1918-22 ?]
130 x 200 cm, W 1883
Museum Folkwang, Essen.

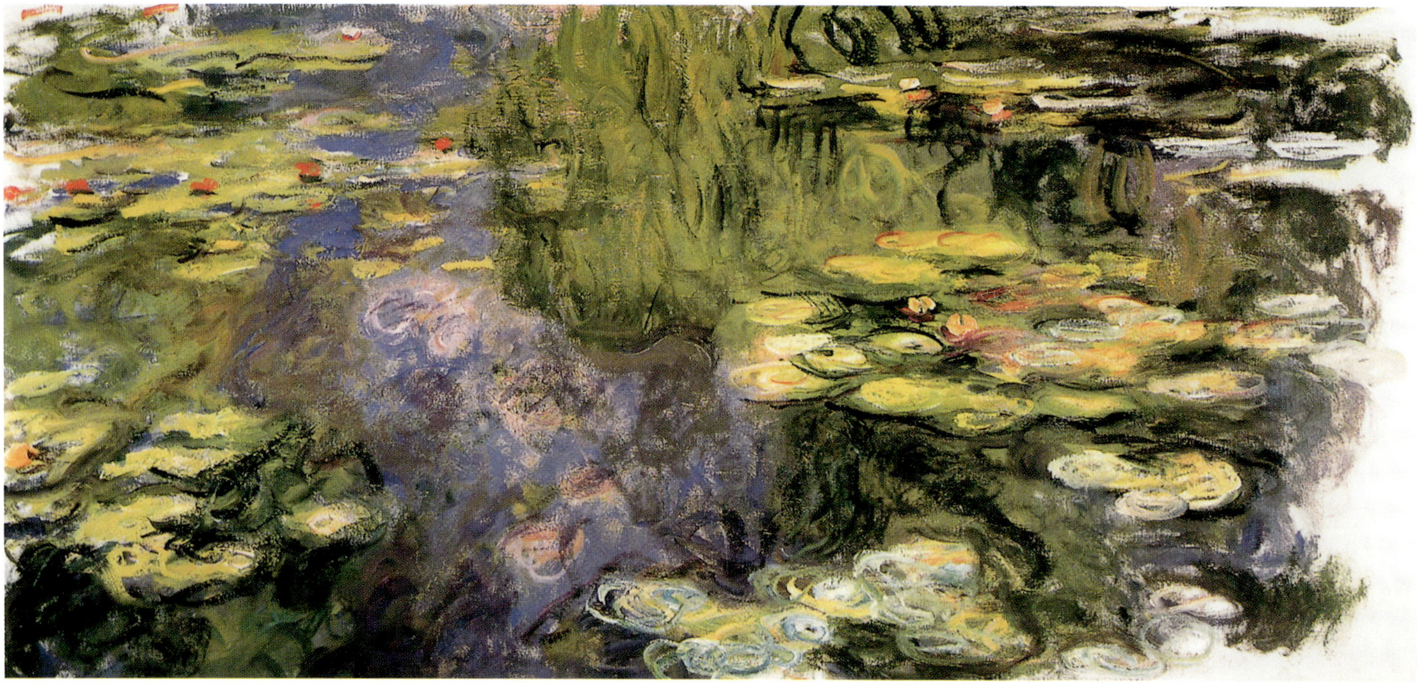

Le Bassin aux nymphéas
[1918-22?]
100 x 200 cm, W 1892
Collection particulière.

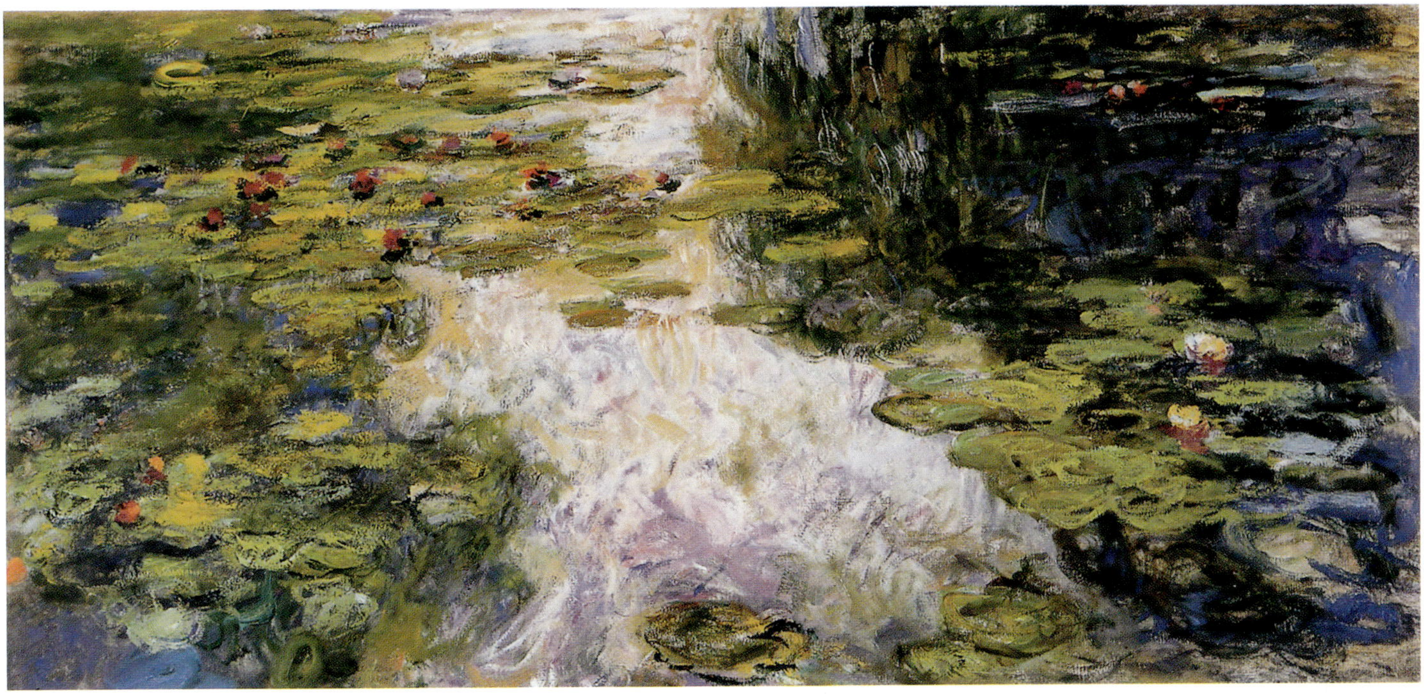

Le Bassin aux nymphéas
[1918-22 ?]
100 x 200 cm, W 1895
Honolulu Academy of Arts, acquis en mémoire de Robert Allerton, Hawaï.

76

Le Bassin aux nymphéas
[1918-22 ?]
100 x 200 cm, W 1896
Benesse Corporation, Japon.

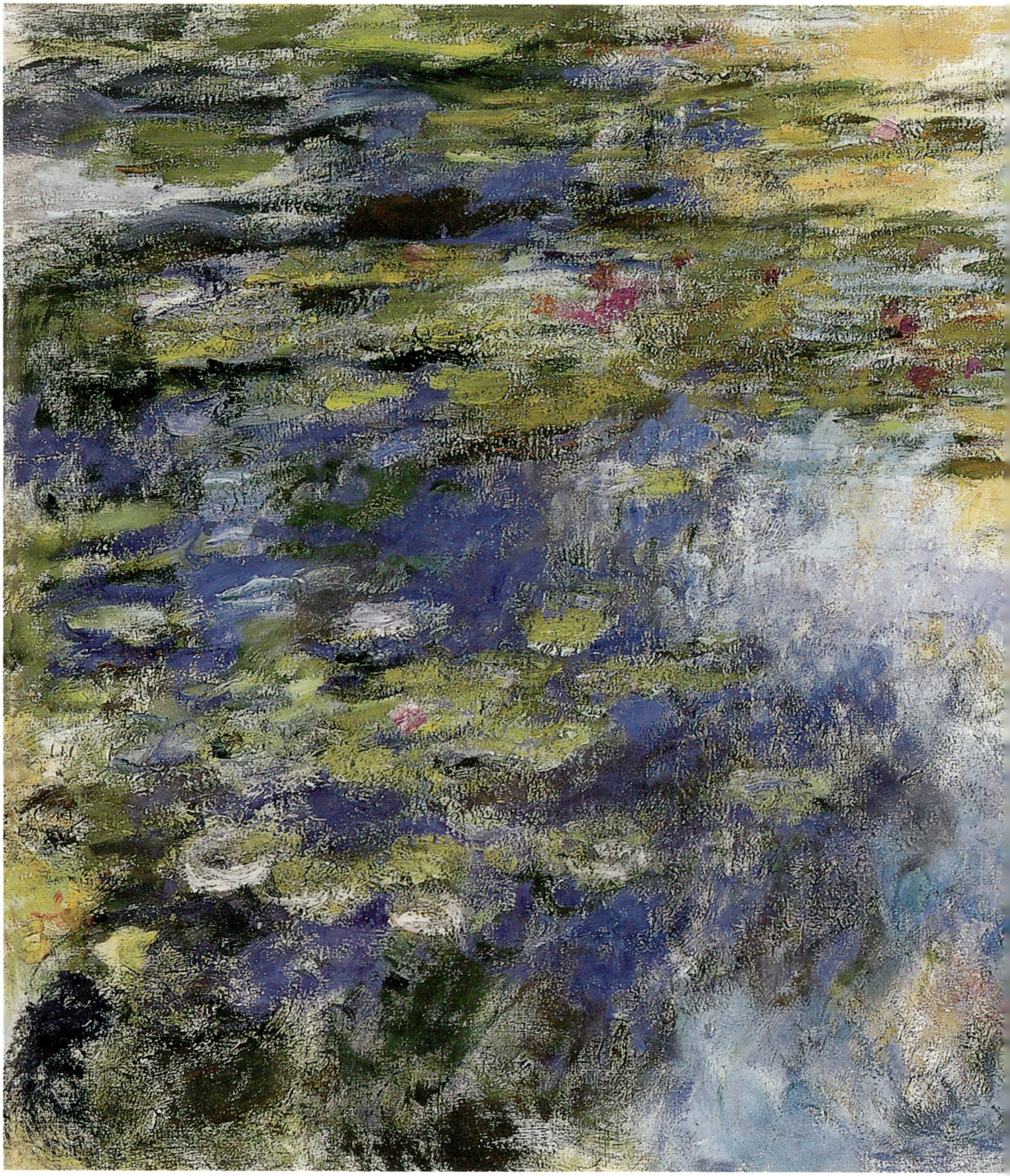

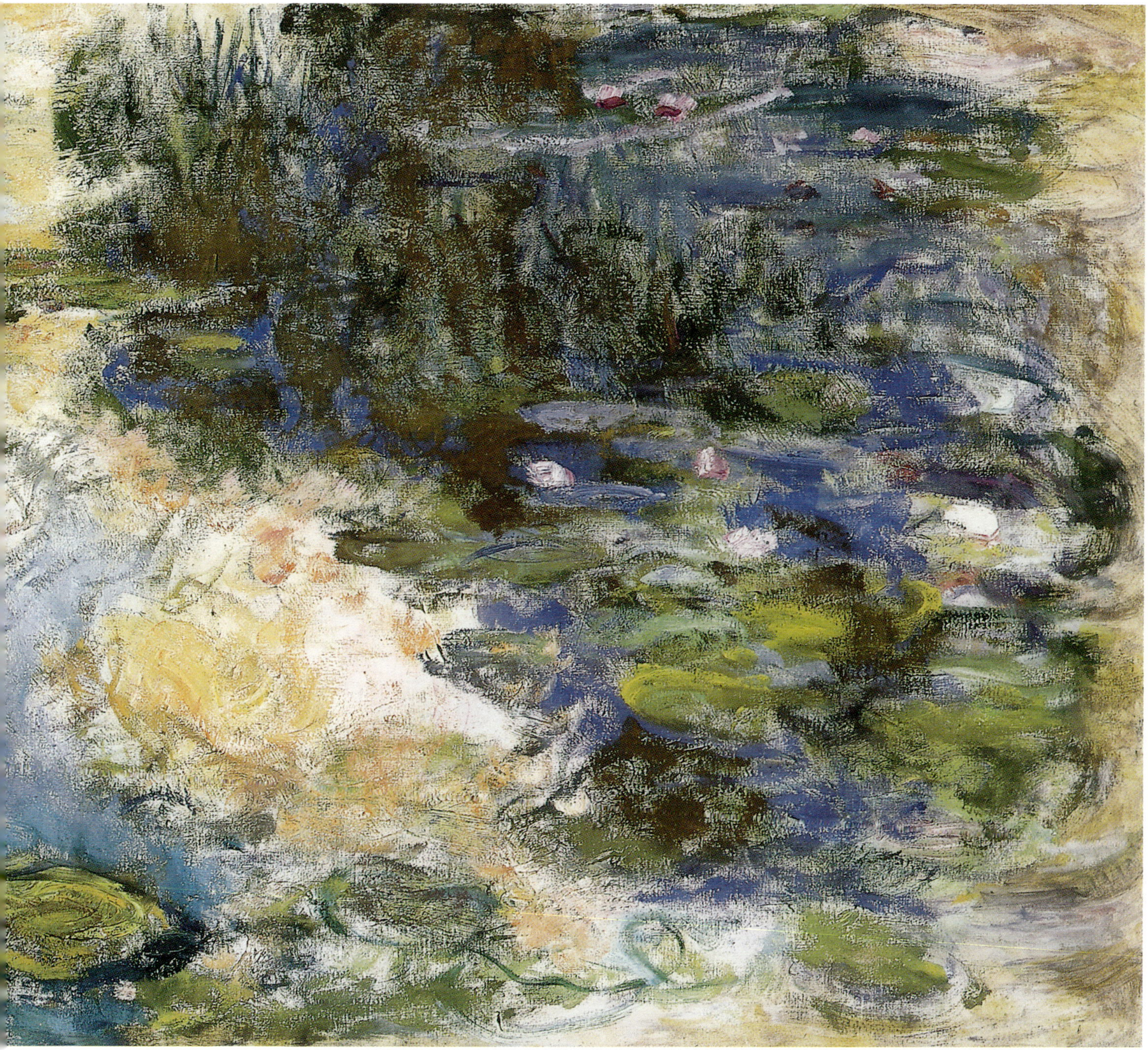

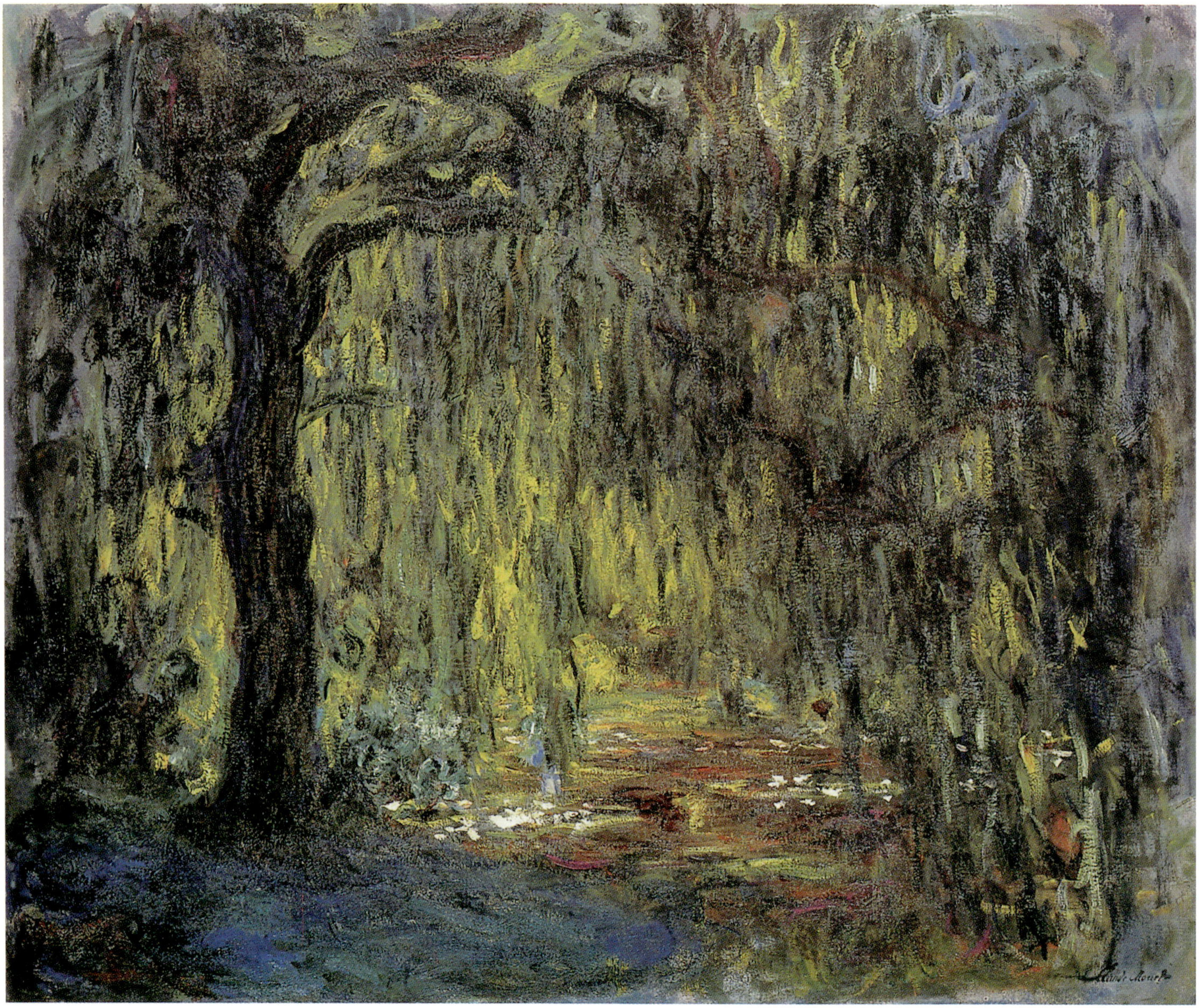

Saule pleureur
[1918-19]
130 x 152 cm, W 1870
Collection
particulière,
Japon.

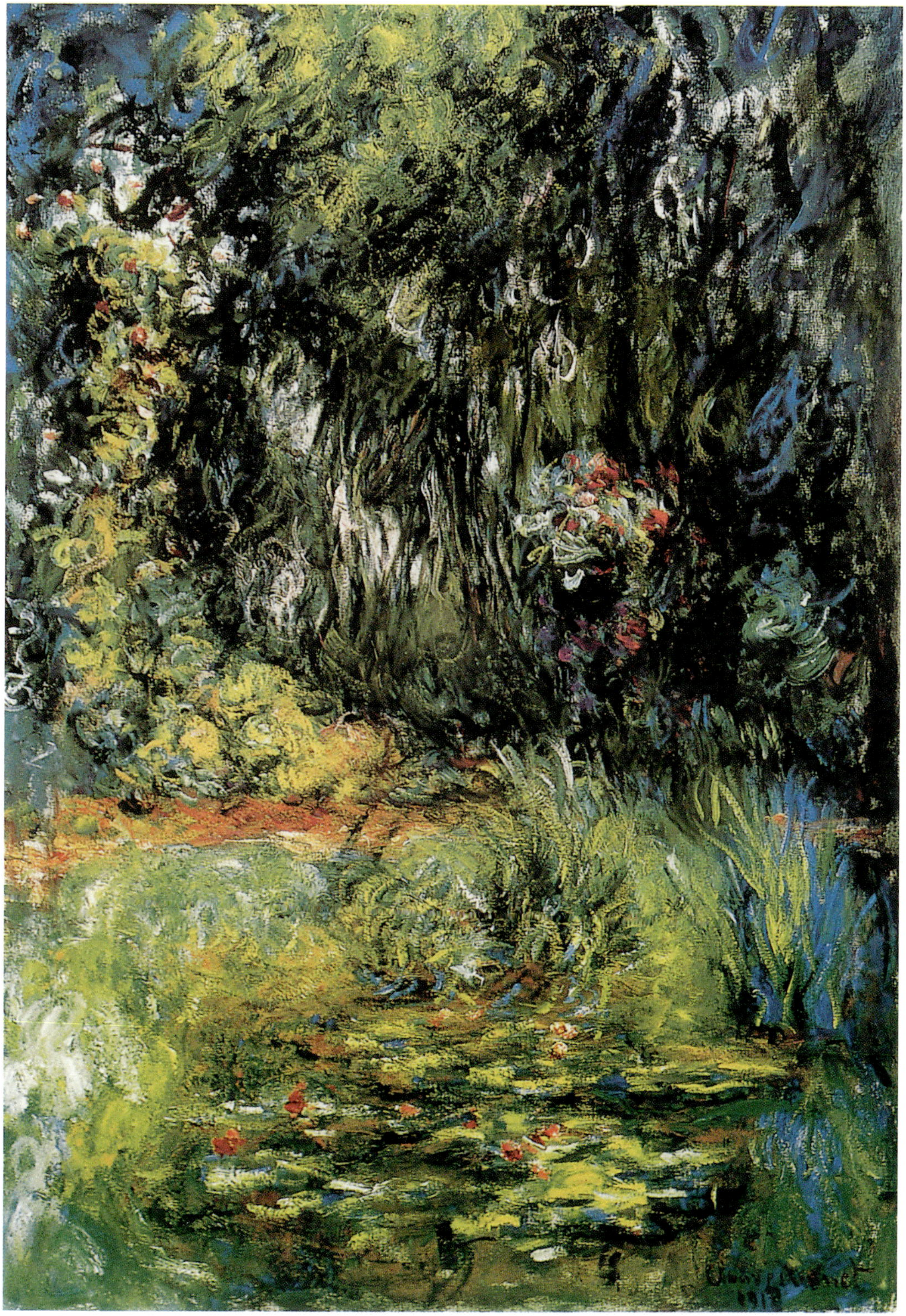

Coin du bassin aux nymphéas
1918
130 x 88 cm, W 1880
Collection particulière.

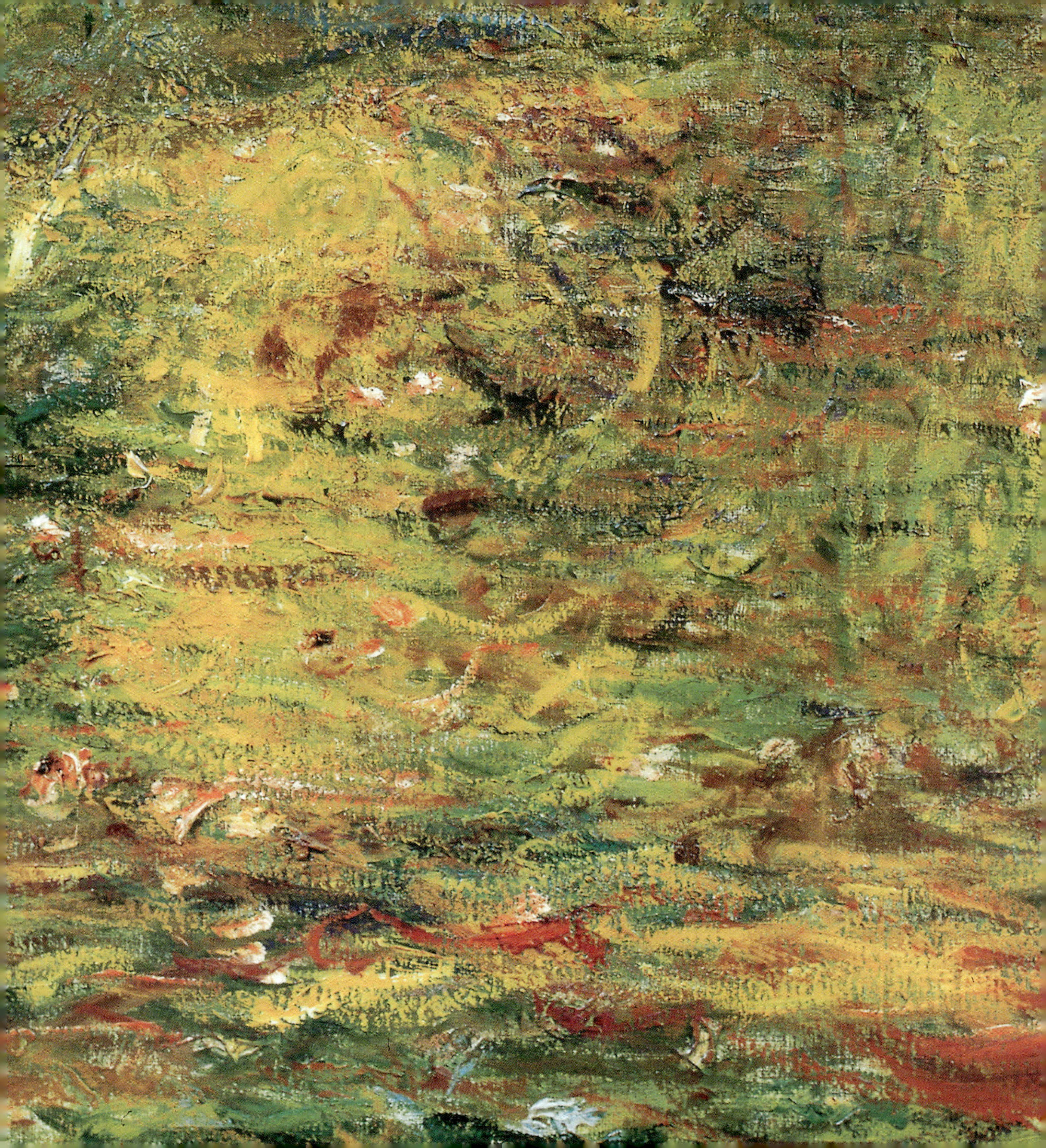

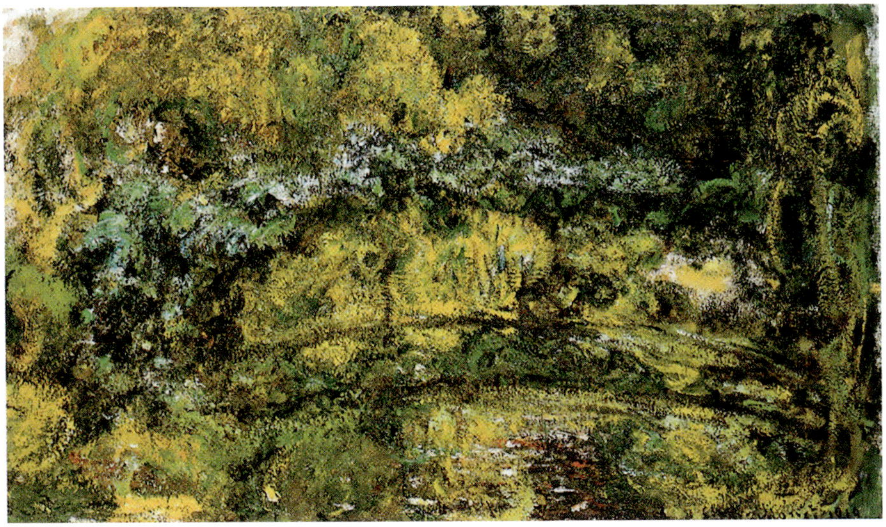

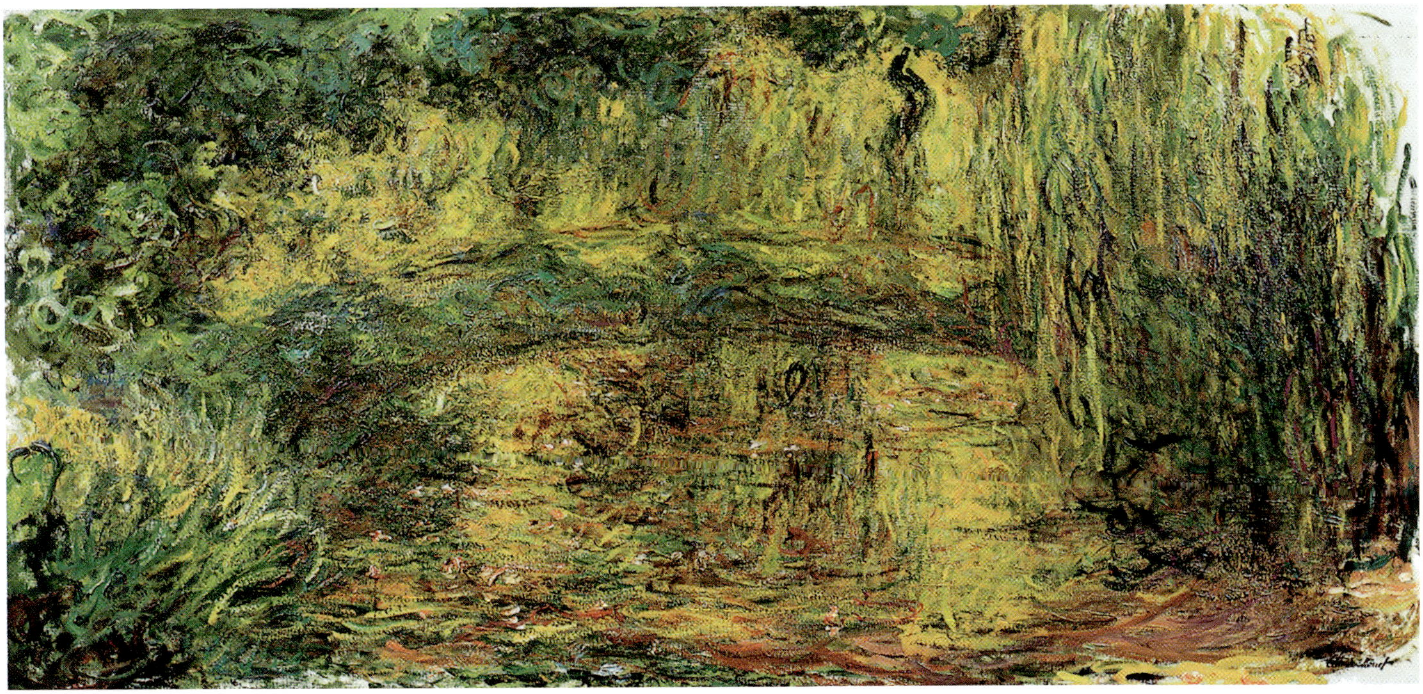

La Passerelle sur le bassin aux nymphéas
1919
65 x 107 cm, W 1916
Kunstmuseum, Öffentliche Kunstsammlung, Bâle.

Le Pont japonais
[1918-19?]
100 x 200 cm, W 1913
Musée Marmottan, Paris.
(détail page précédente)

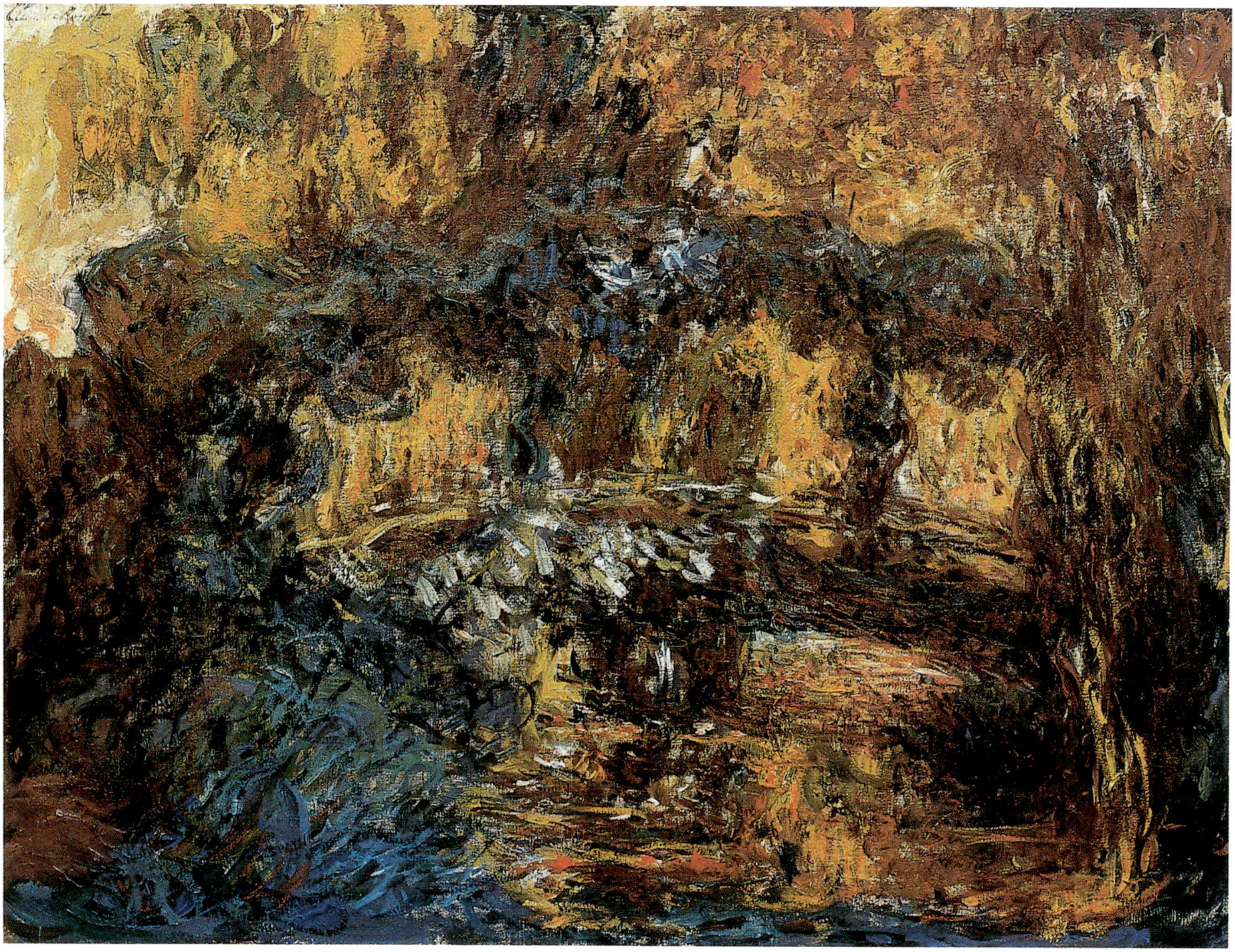

Le Pont japonais
[1919-24?]
89 x 116 cm, W 1932
The Museum of Modern Art, New York, Grace Rayney Rogers Foundation.

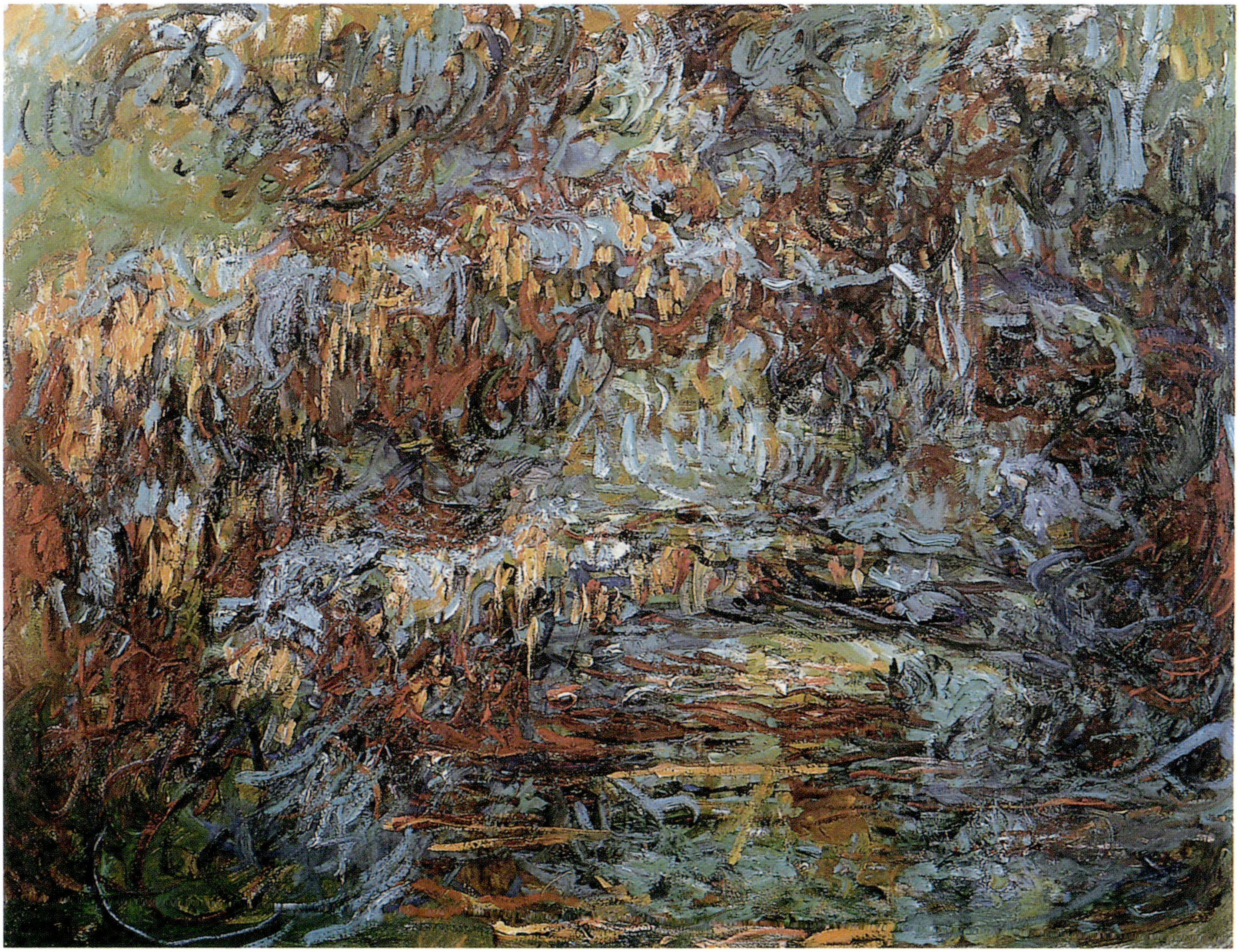

Le Pont japonais
[1919-24?]
89 x 116 cm, W 1933
Musée Marmottan, Paris.

1914

«*Grandes*

décorations

»

1926

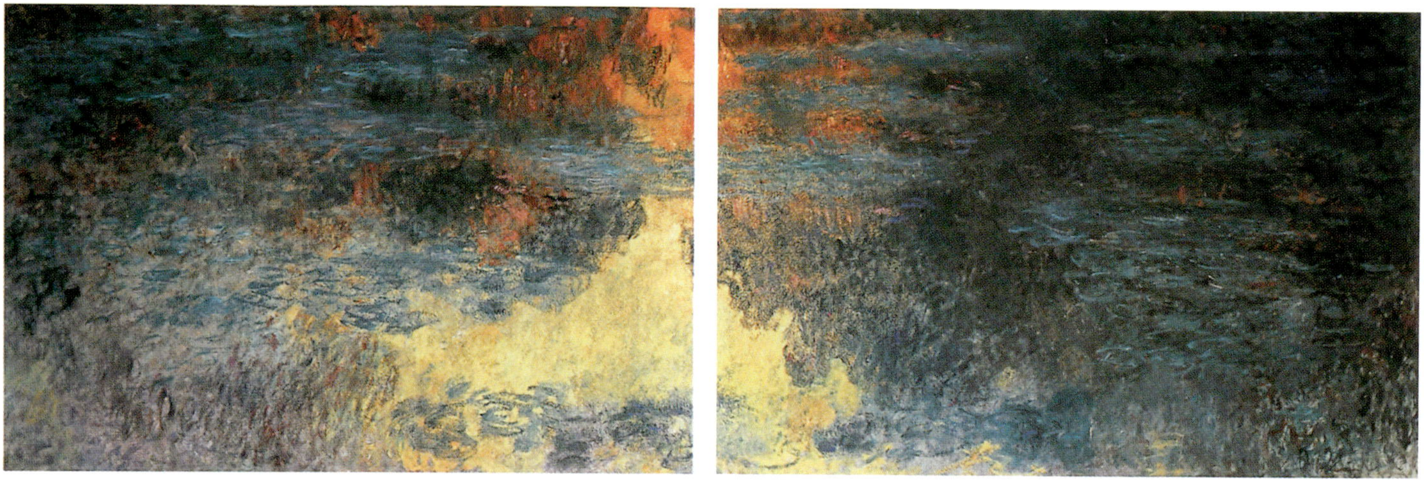

La Bassin aux nymphéas, le soir

[1914-26 ?]
diptyque,
chaque panneau :
200 x 300 cm,
W 1964-1965
Kunsthaus Zürich.

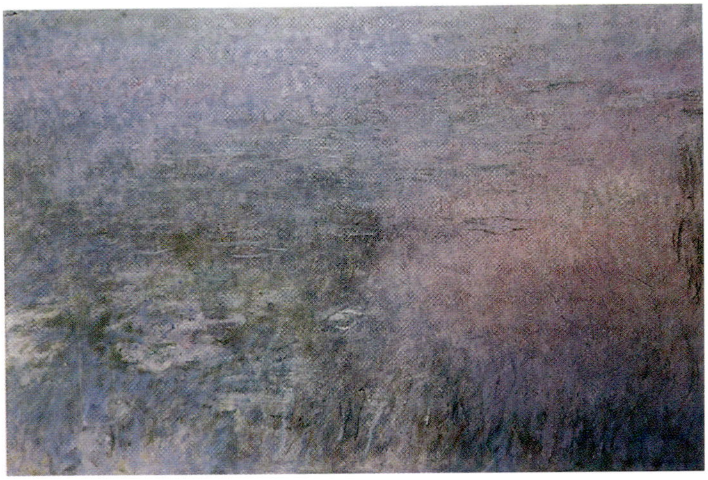
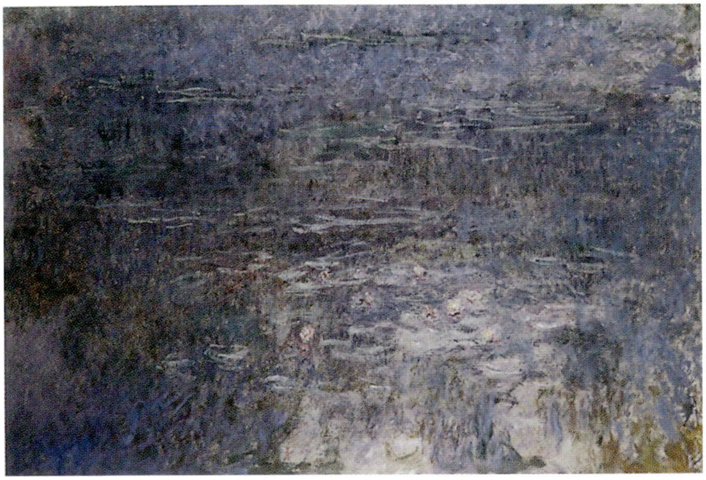

Le Bassin aux nymphéas

[1914-26?]
diptyque, chaque panneau : 200 x 300cm, W 1966-1967
Courtesy Galerie Larock-Granoff, Paris.

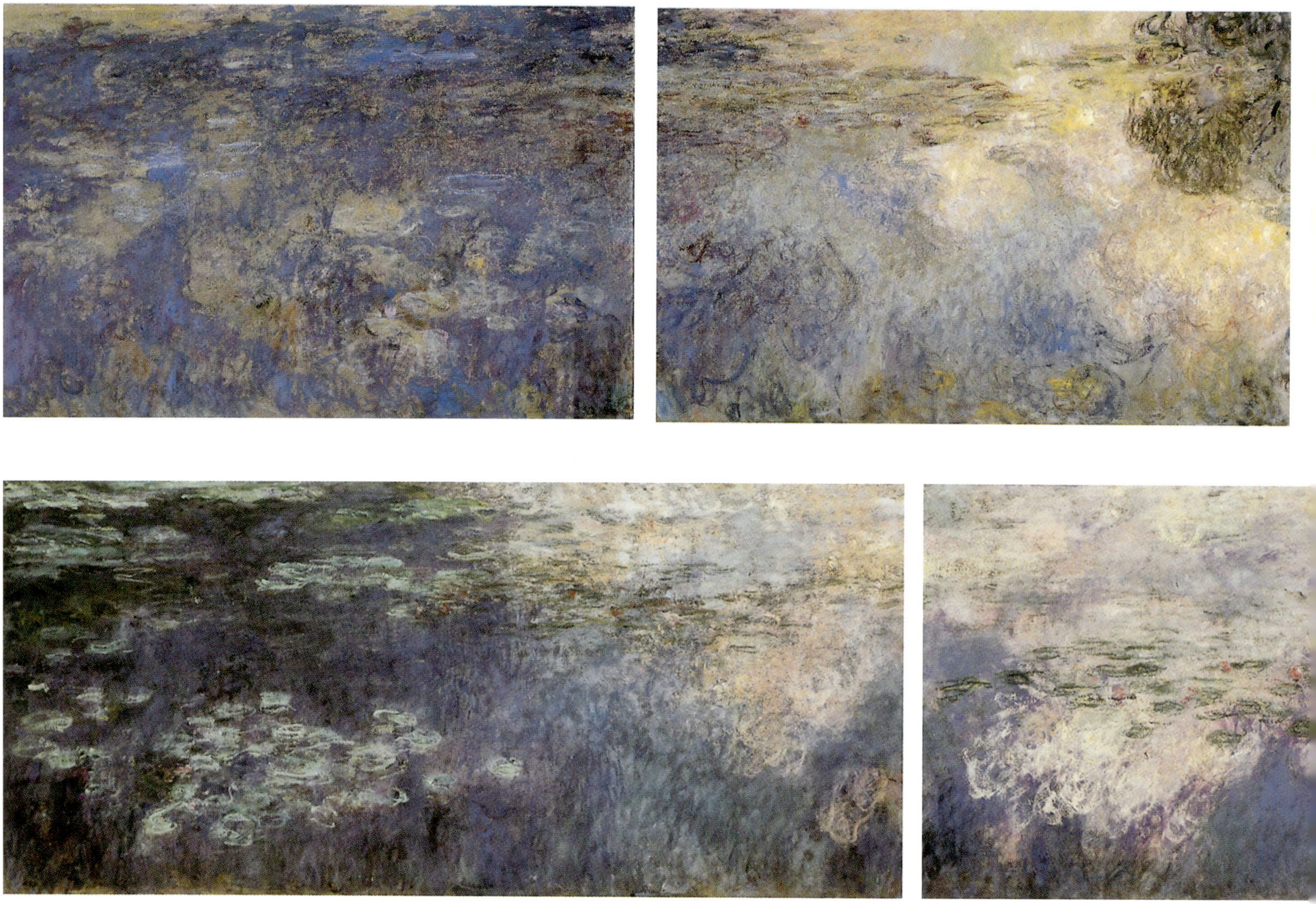

Le Bassin aux nymphéas
[1914-26?]
triptyque,
chaque panneau :
200 x 300 cm,
W 1968-1969-1970
Fondation Beyeler,
Riehen, Bâle.

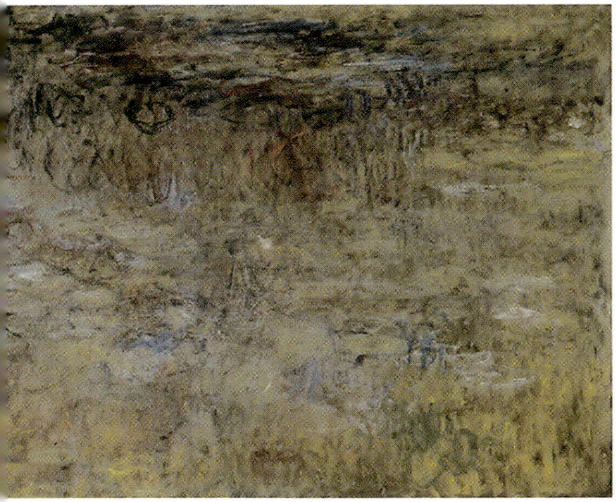

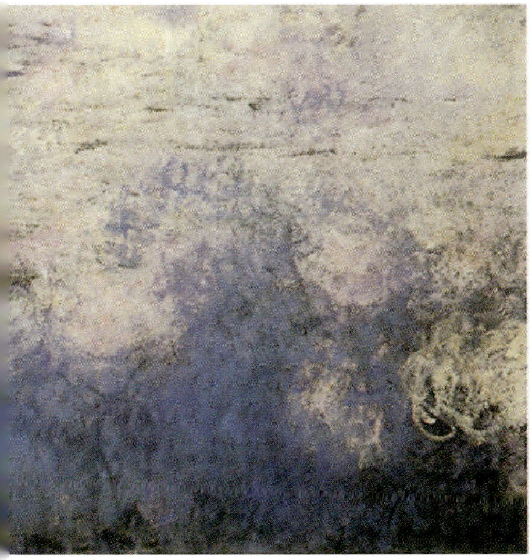

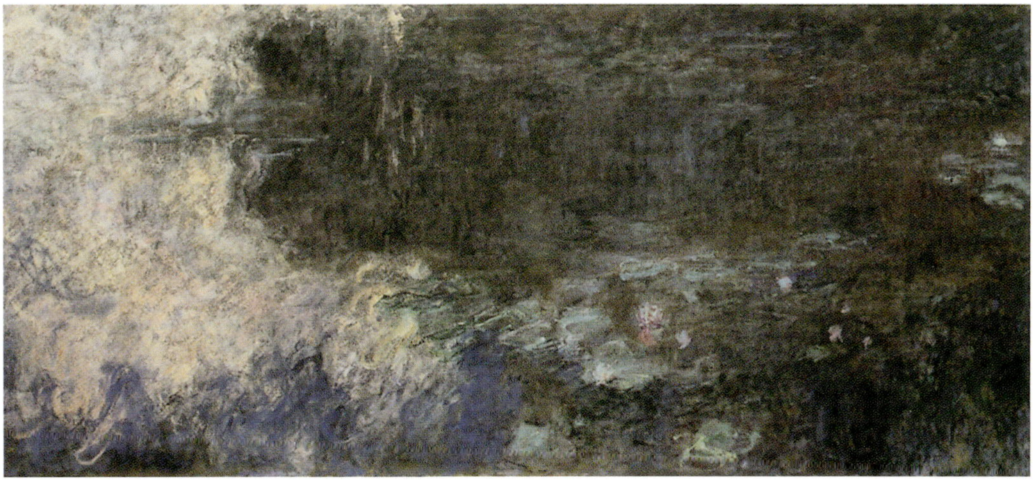

Le Bassin aux nymphéas, reflets de nuages
[1914-26 ?]
triptyque,
chaque panneau :
200 x 425 cm,
W 1972-1973-1974

The Museum of
Modern Art,
New York,
Mrs Simon
Guggenheim Fund.

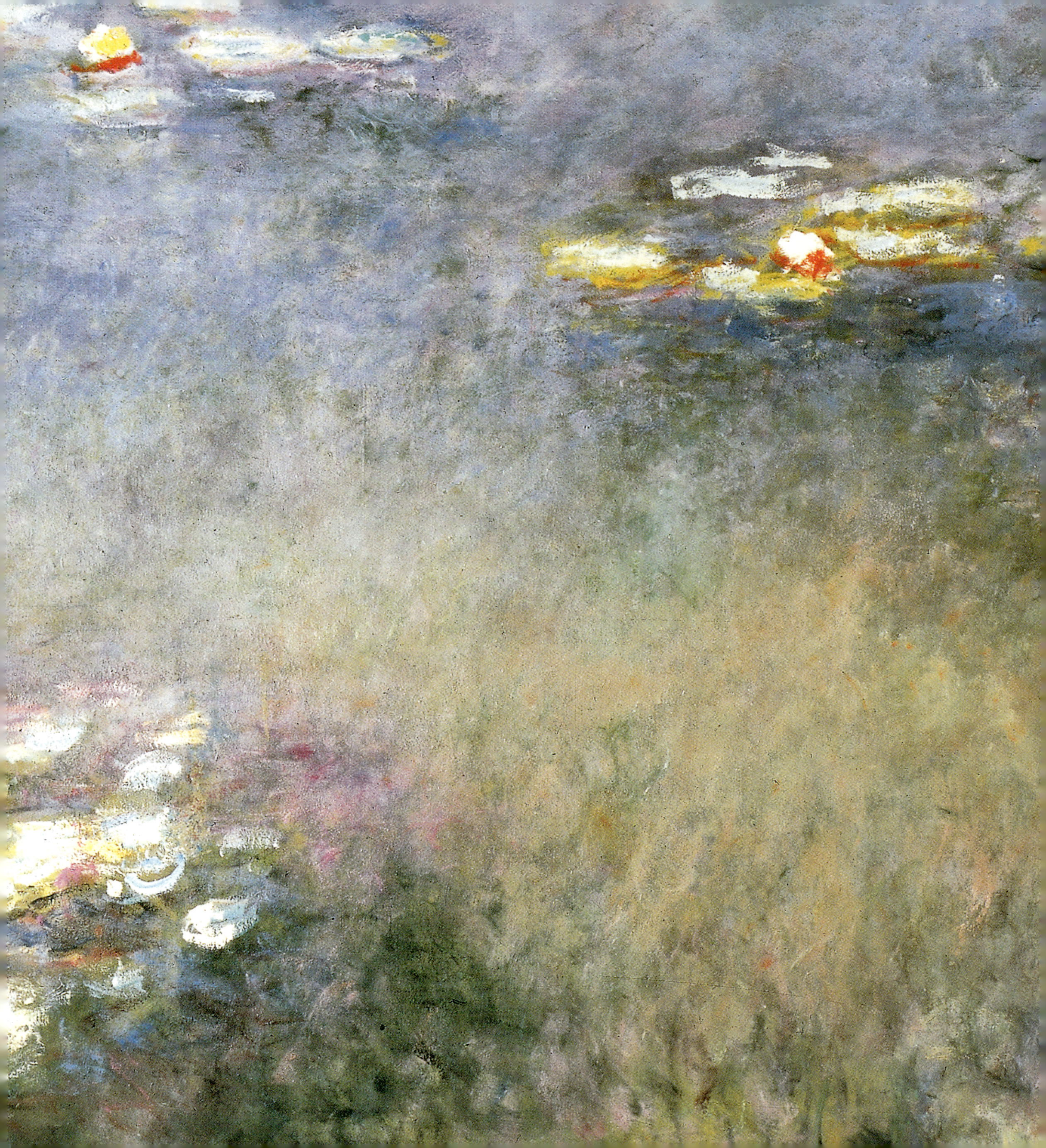

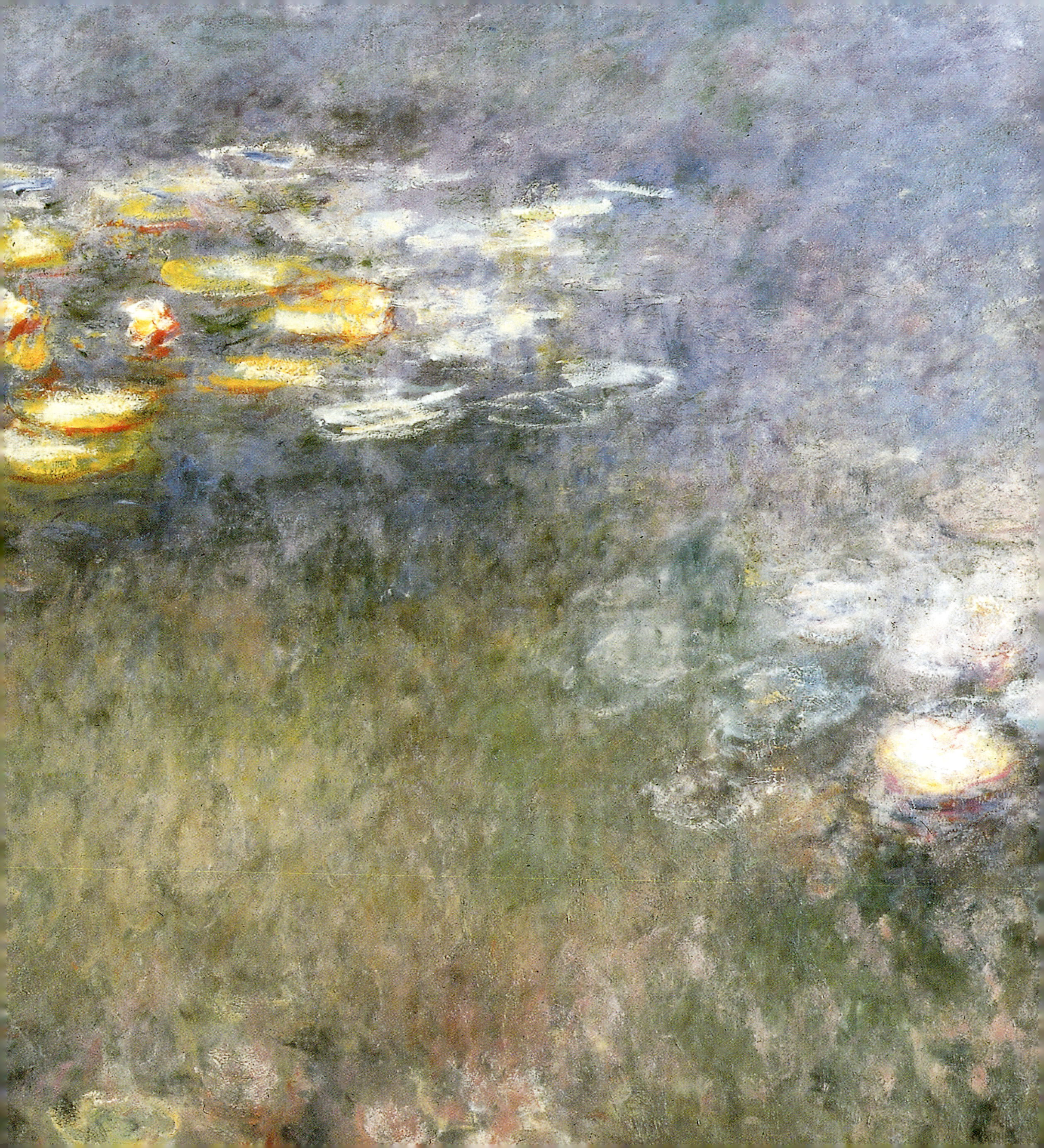

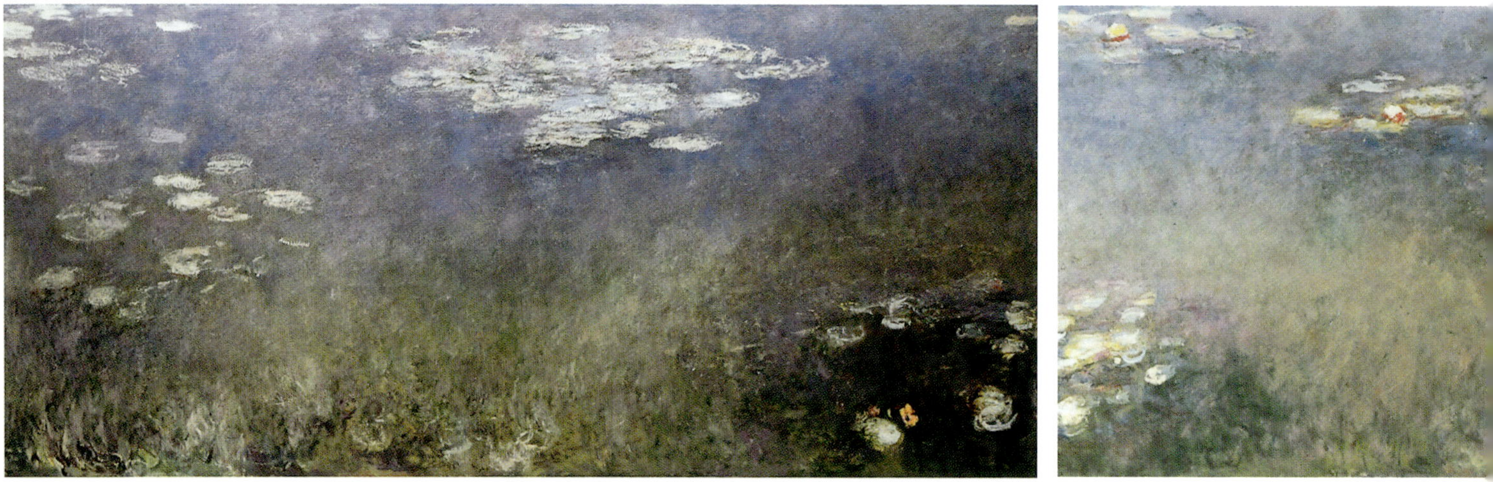

L'Agapanthe

[1914-26 ?]

triptyque,

chaque panneau :

200 x 425 cm

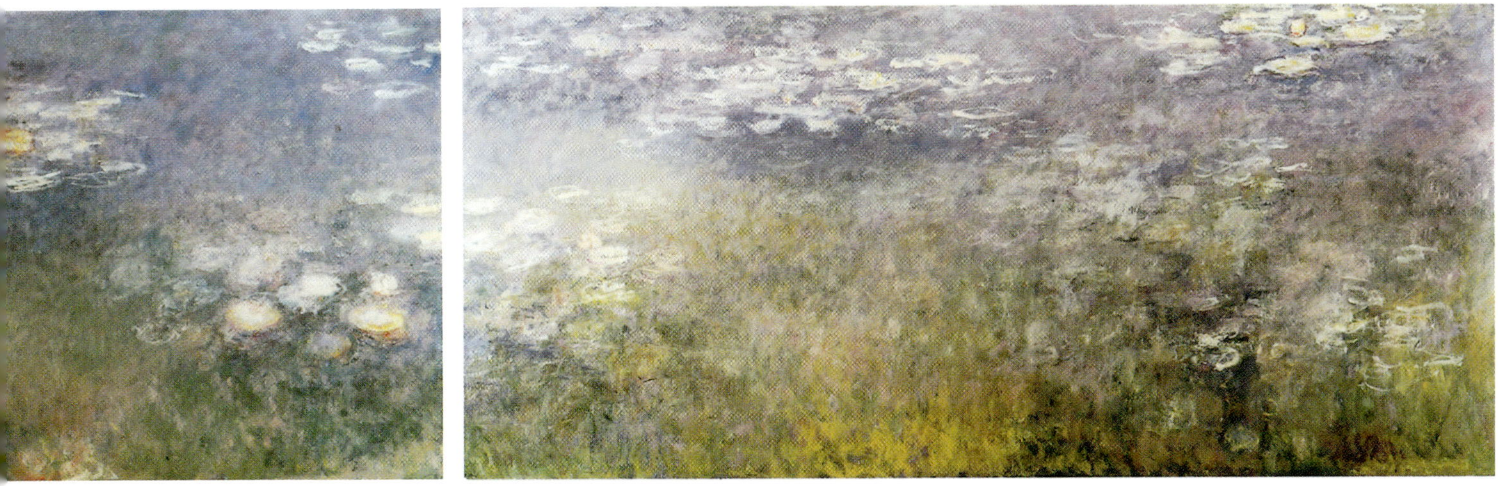

Panneau de gauche :
W 1975
The Cleveland Museum of Art, John L. Severance Fund.

Panneau central :
W 1976
The Saint Louis Art Museum, The Steinberg Charitable Fund.
(détail pages 90-91)

Panneau de droite :
W 1977
The Nelson Atkins Museum of Art, Kansas City.

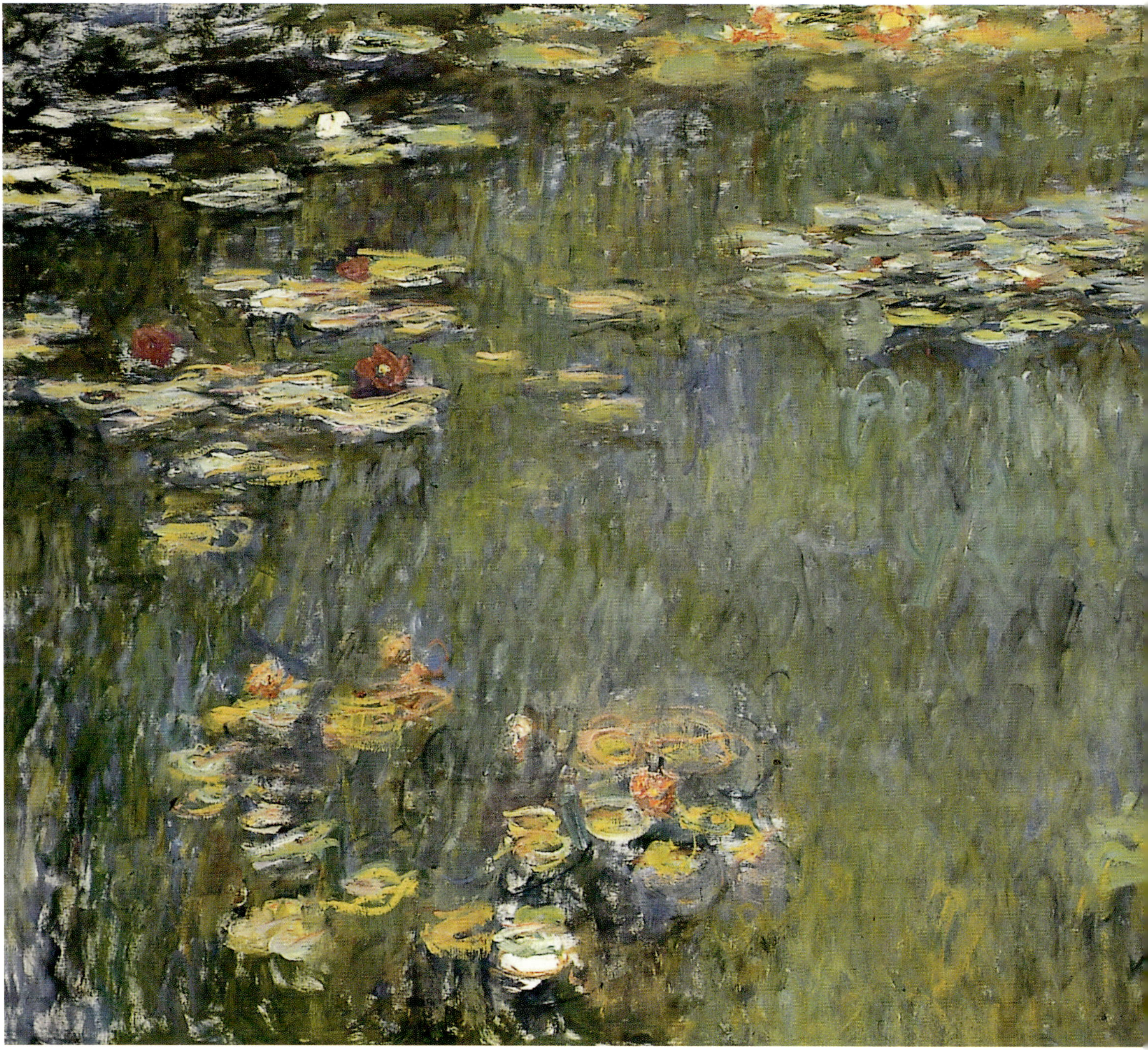

Le Bassin aux nymphéas, reflets verts
[1914-26?]
200 x 425 cm, W 1979
Fondation E. G. Bührle, Zurich.

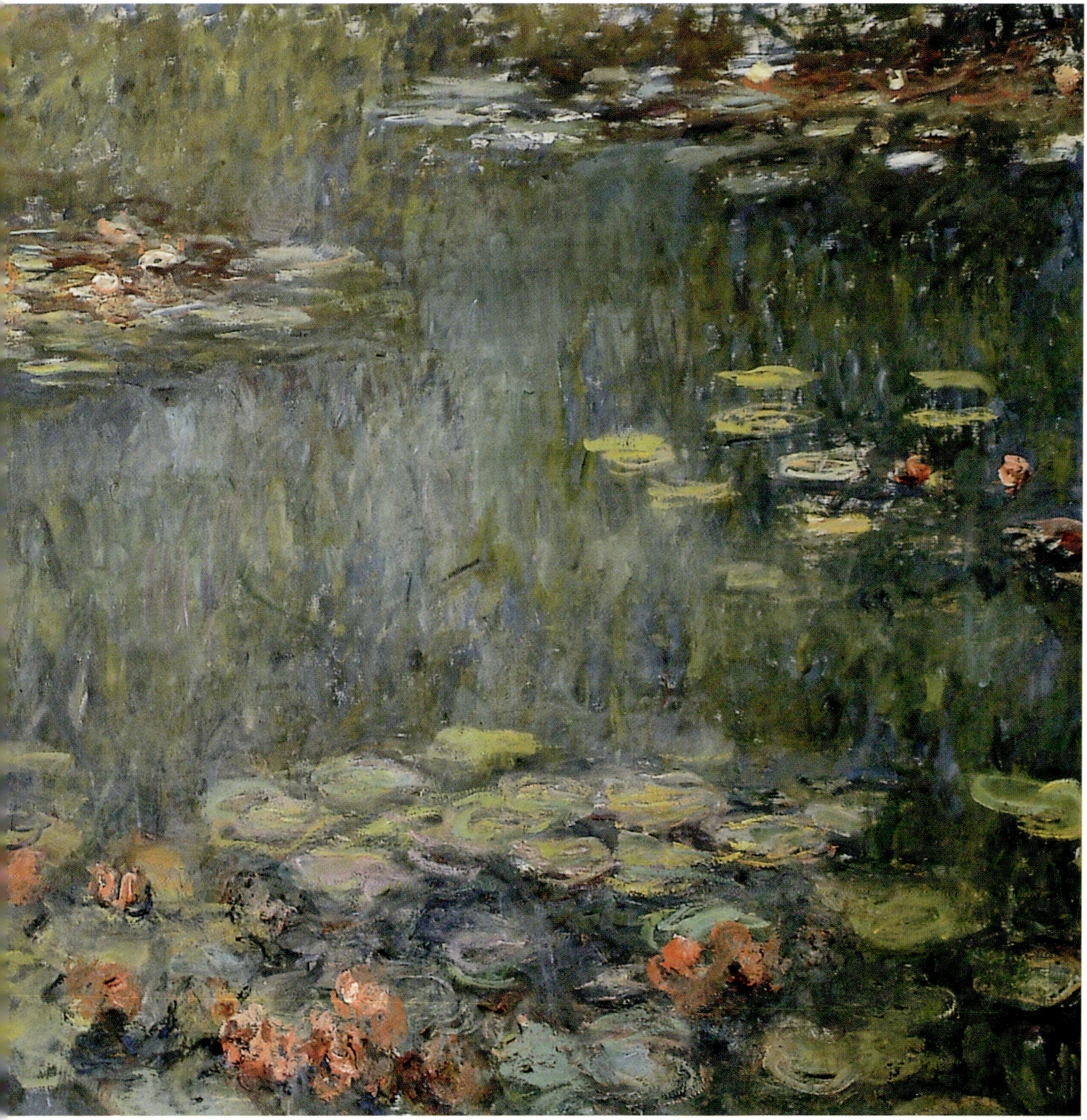

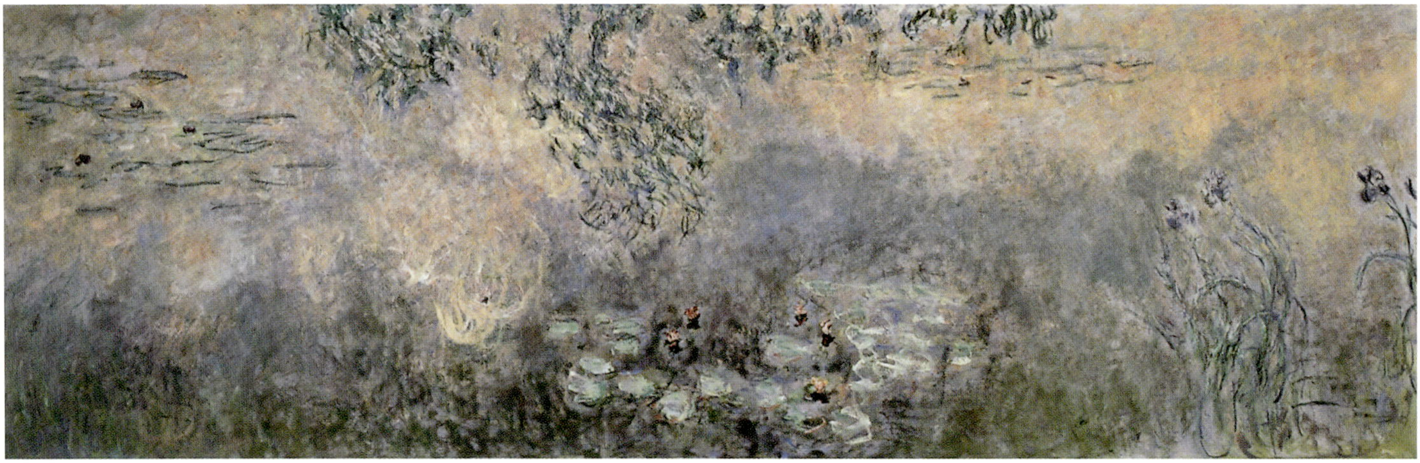

Le Bassin aux nymphéas avec iris

[1914-26 ?]
200 x 600 cm, W 1980
Kunsthaus
Zürich.

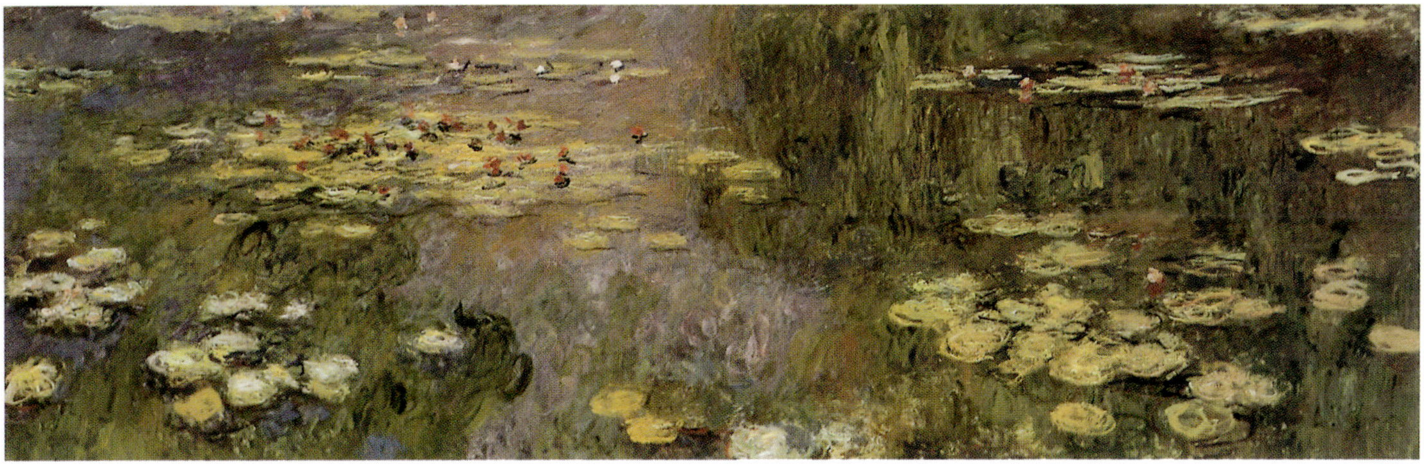

Le Bassin aux nymphéas
[1914-26 ?]
200 x 600 cm, W 1983
Carnegie Institute, Pittsburgh, acquis grâce à Mrs Alan M. Scaife.

Les «Nymphéas» de

l'O

rangerie

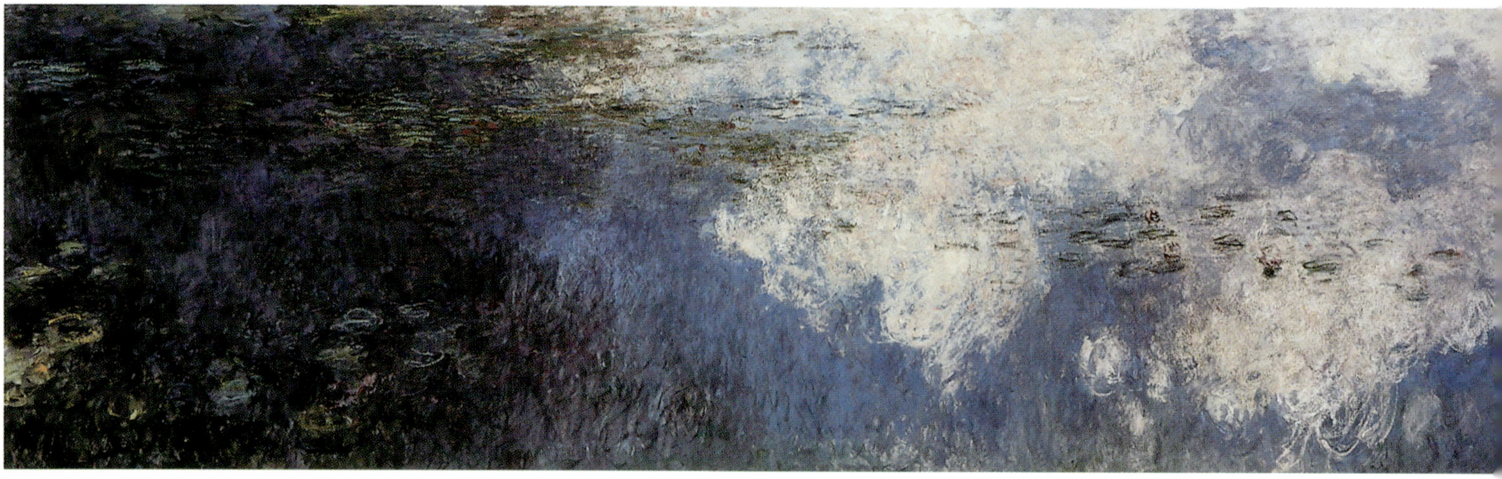

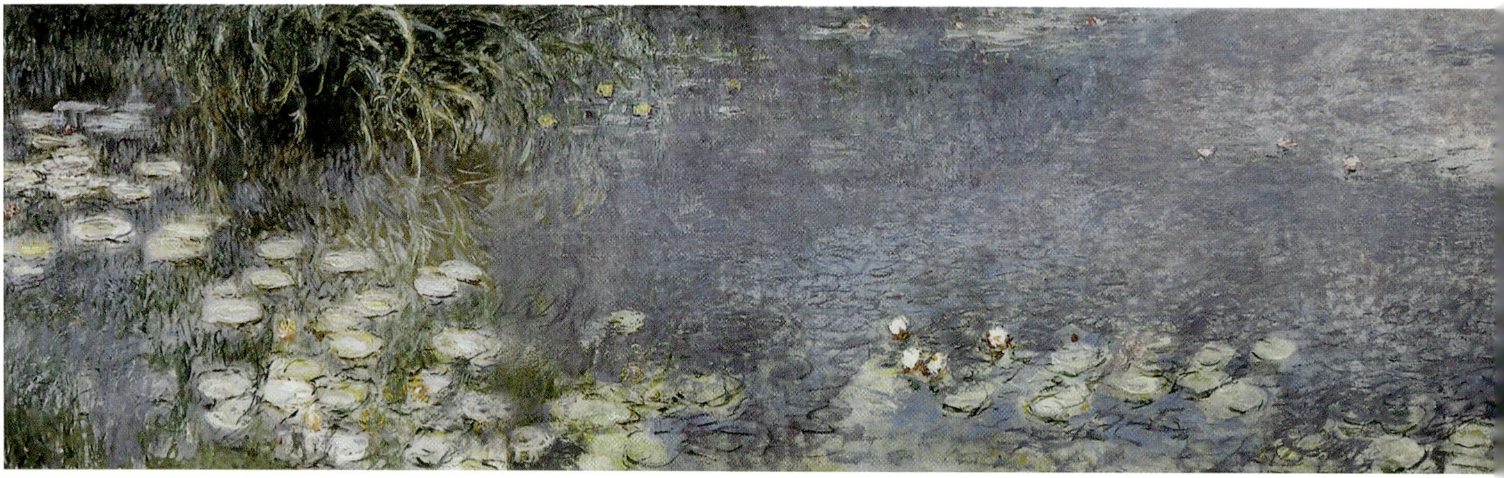

Les Nuages
[1914-26 ?]
trois panneaux
de 200 x 425 cm
Musée de
l'Orangerie, Paris.

(détail de la partie
centrale en pages
102-103)

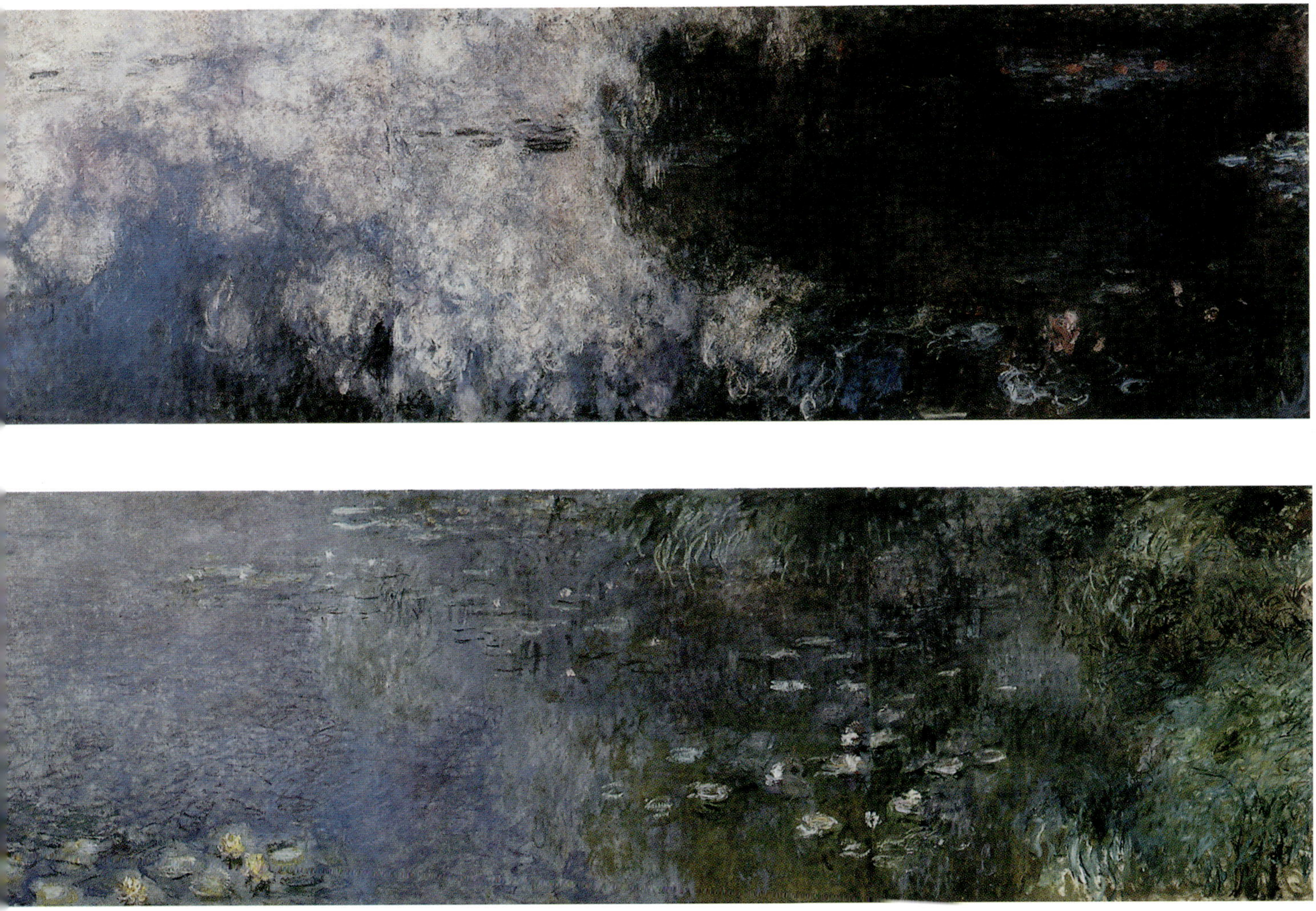

Matin

[1914-26?]
quatre panneaux,
2 de 200 x 212,5 cm,
2 de 200 x 425 cm
Musée de
l'Orangerie,
Paris.

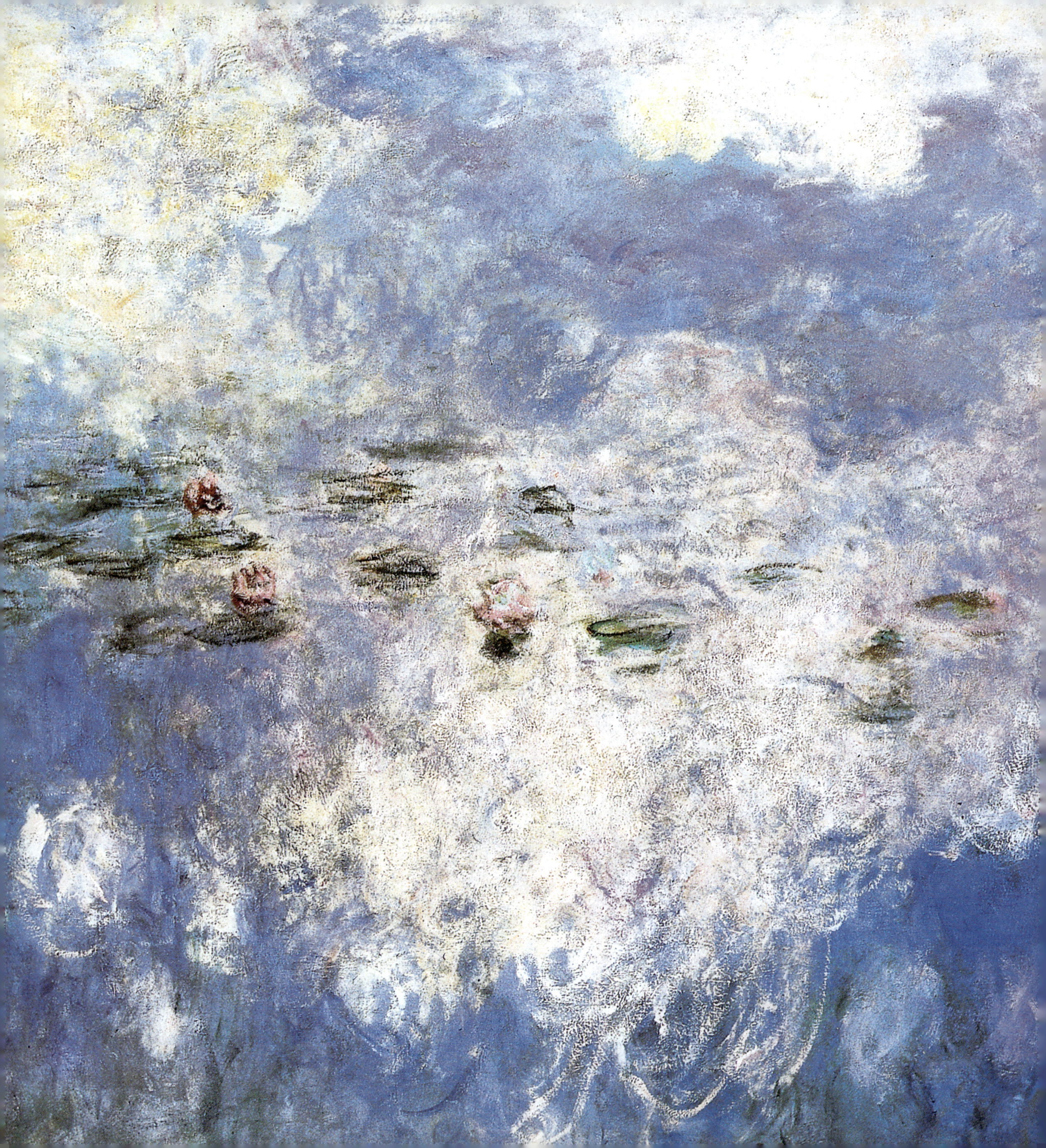

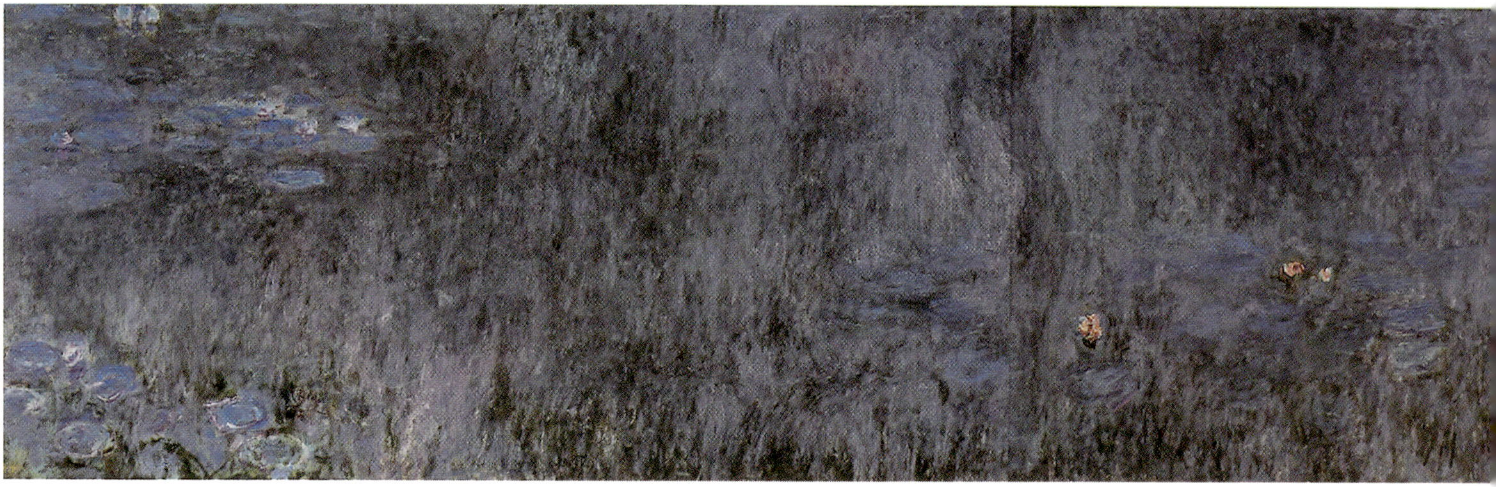

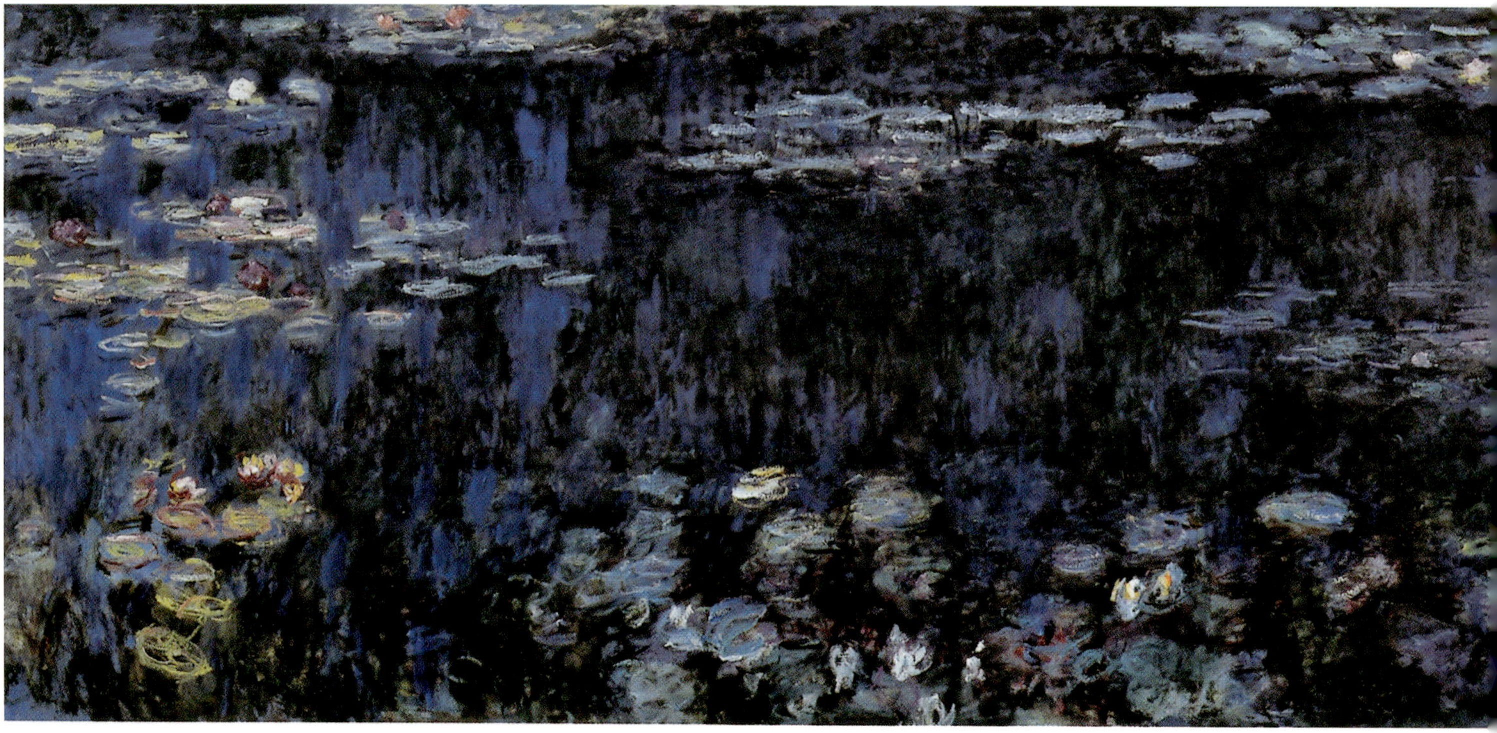

Reflets d'arbres
[1914-26 ?]
deux panneaux
de 200 x 425 cm
Musée de
l'Orangerie,
Paris.

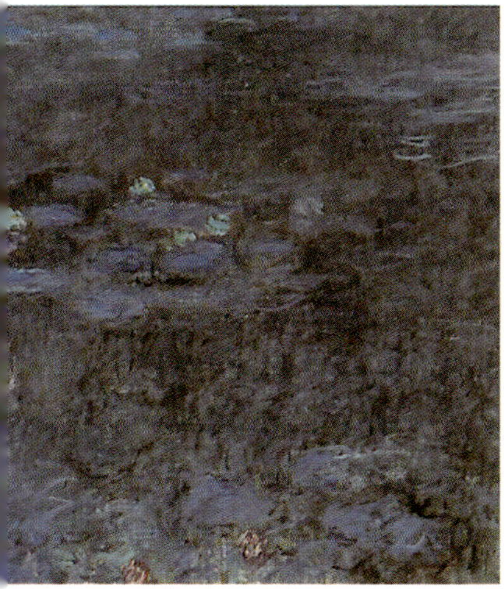

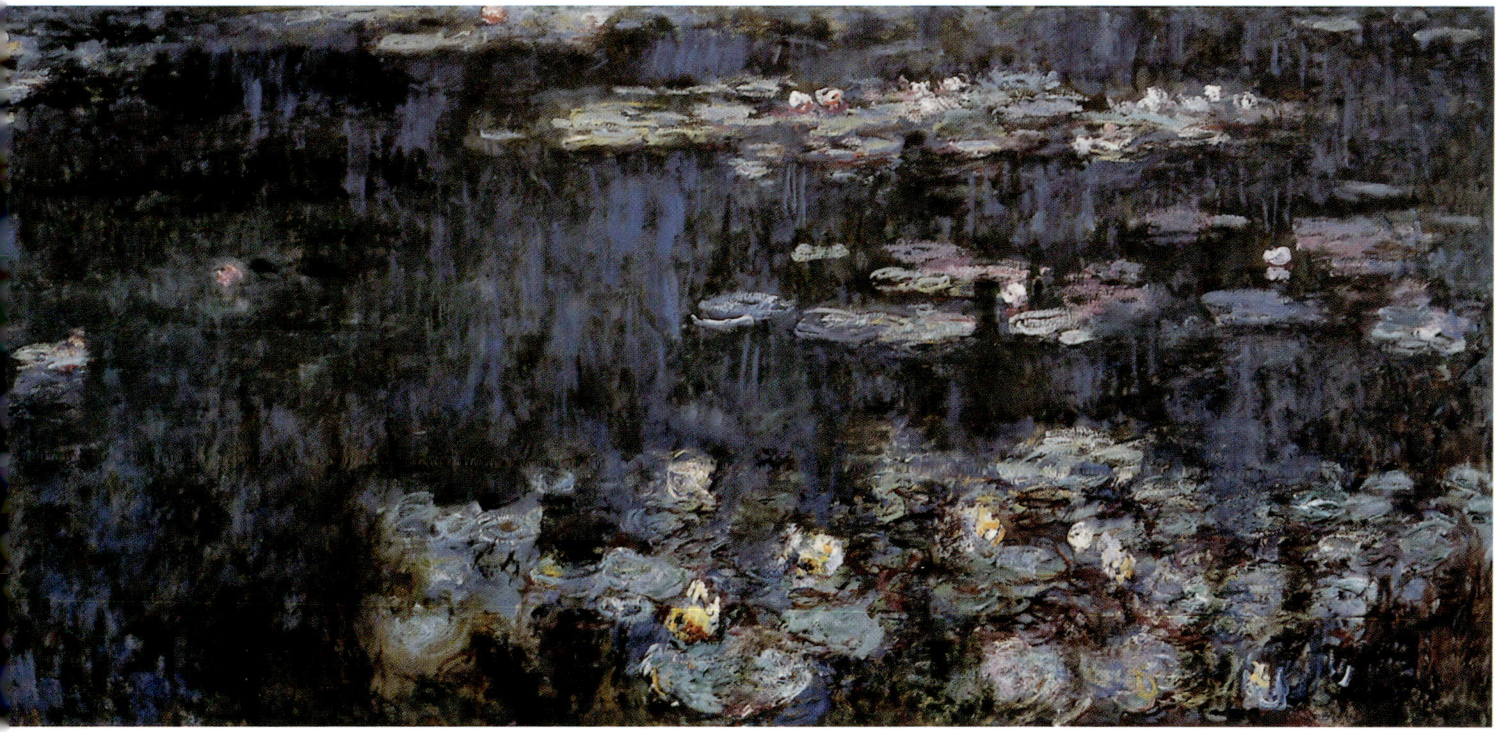

Reflets verts

[1914-26 ?]
deux panneaux
de 200 x 425 cm
Musée de
l'Orangerie,
Paris.

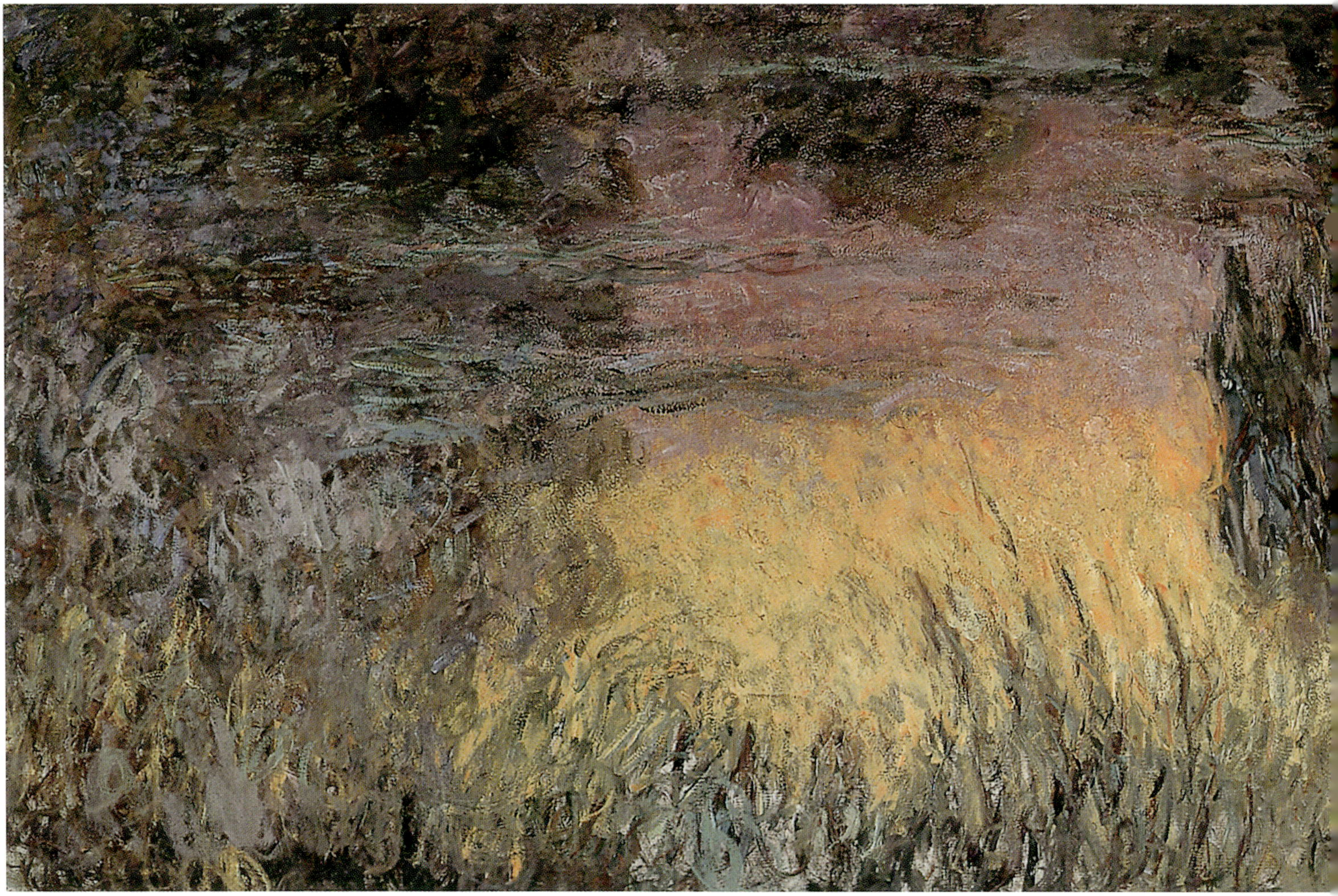

Soleil couchant
[1914-26?]
200 x 600 cm
Musée de
l'Orangerie,
Paris.

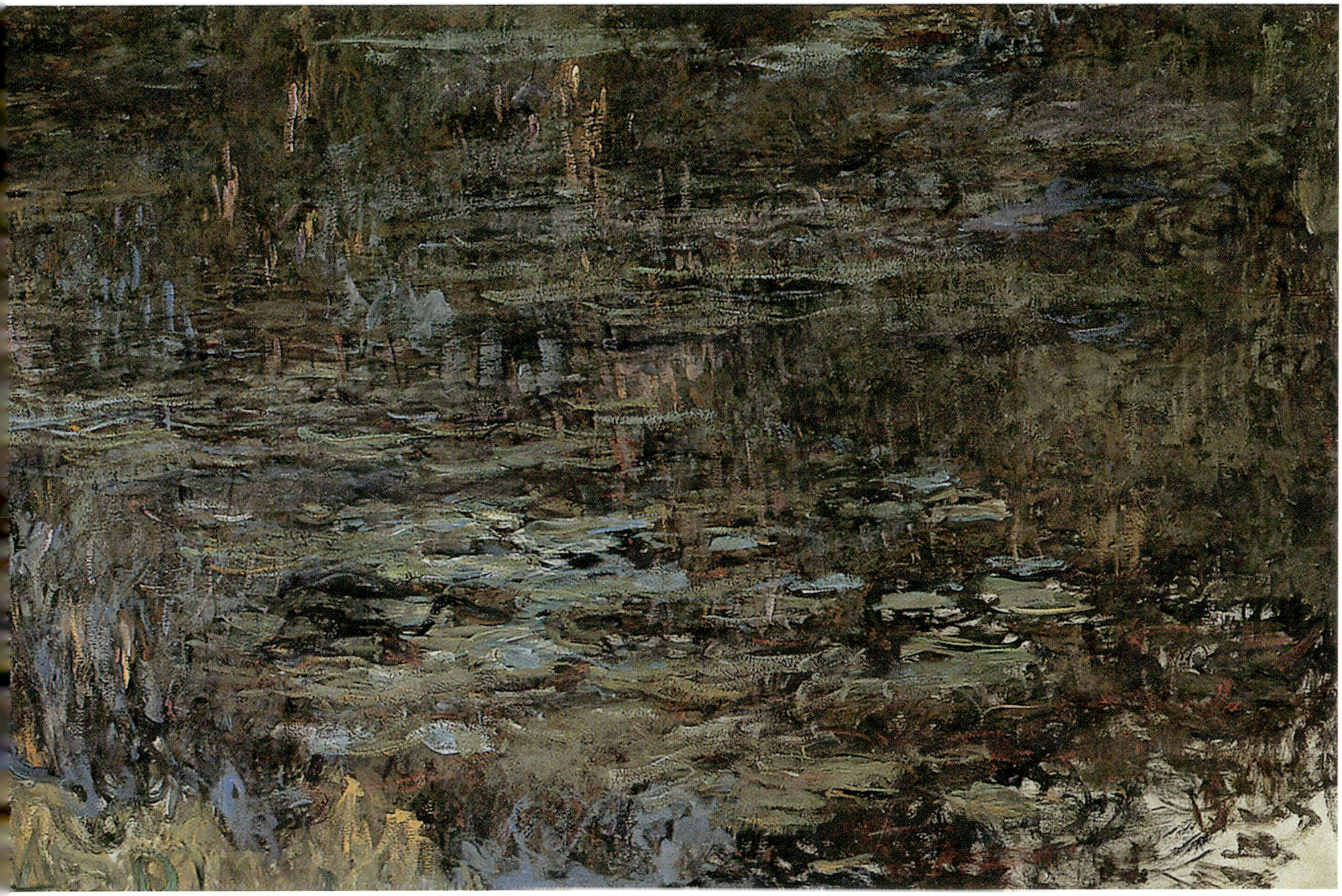

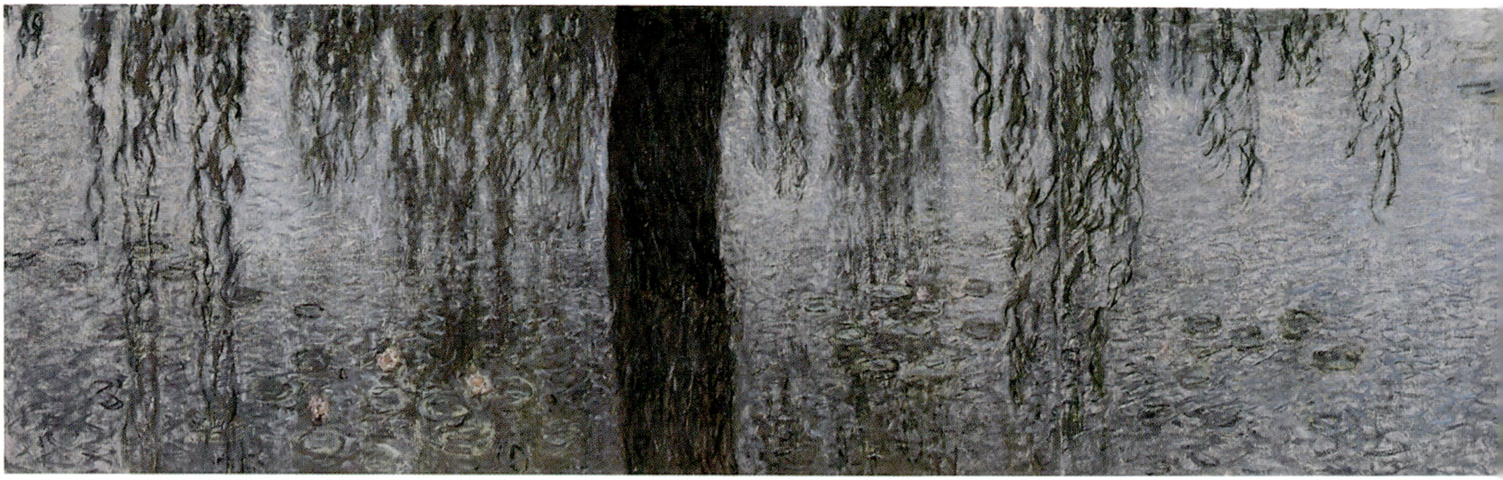

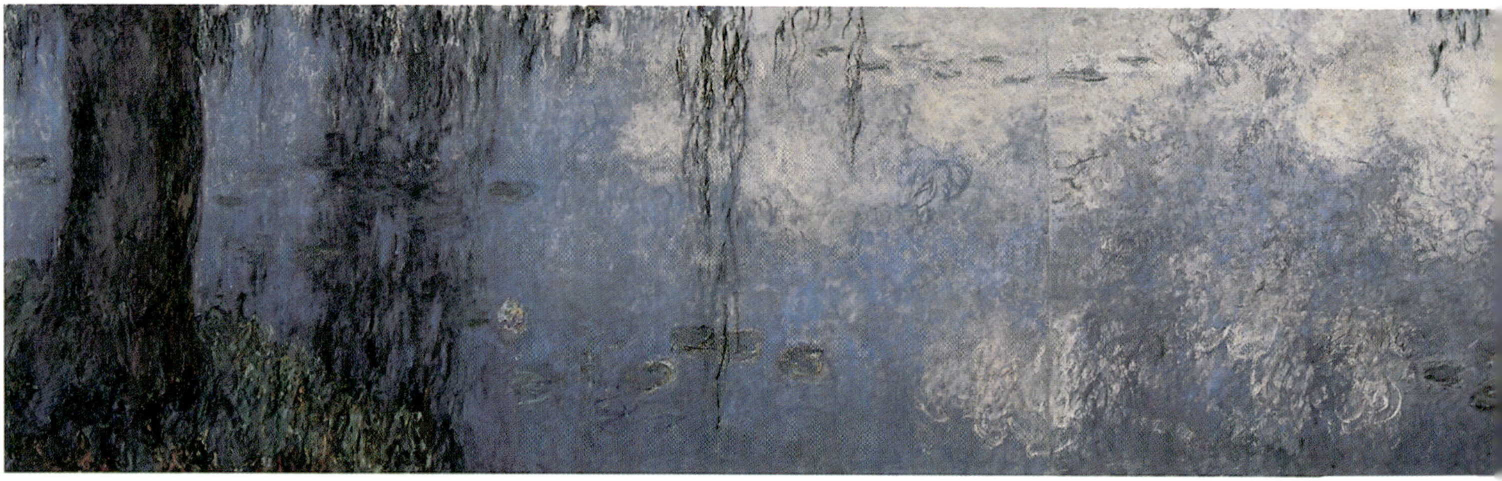

Le Matin clair aux saules
[1914-26 ?]
trois panneaux
de 200 x 425 cm
Musée de
l'Orangerie,
Paris.

(détail en
pages 110-111-112)

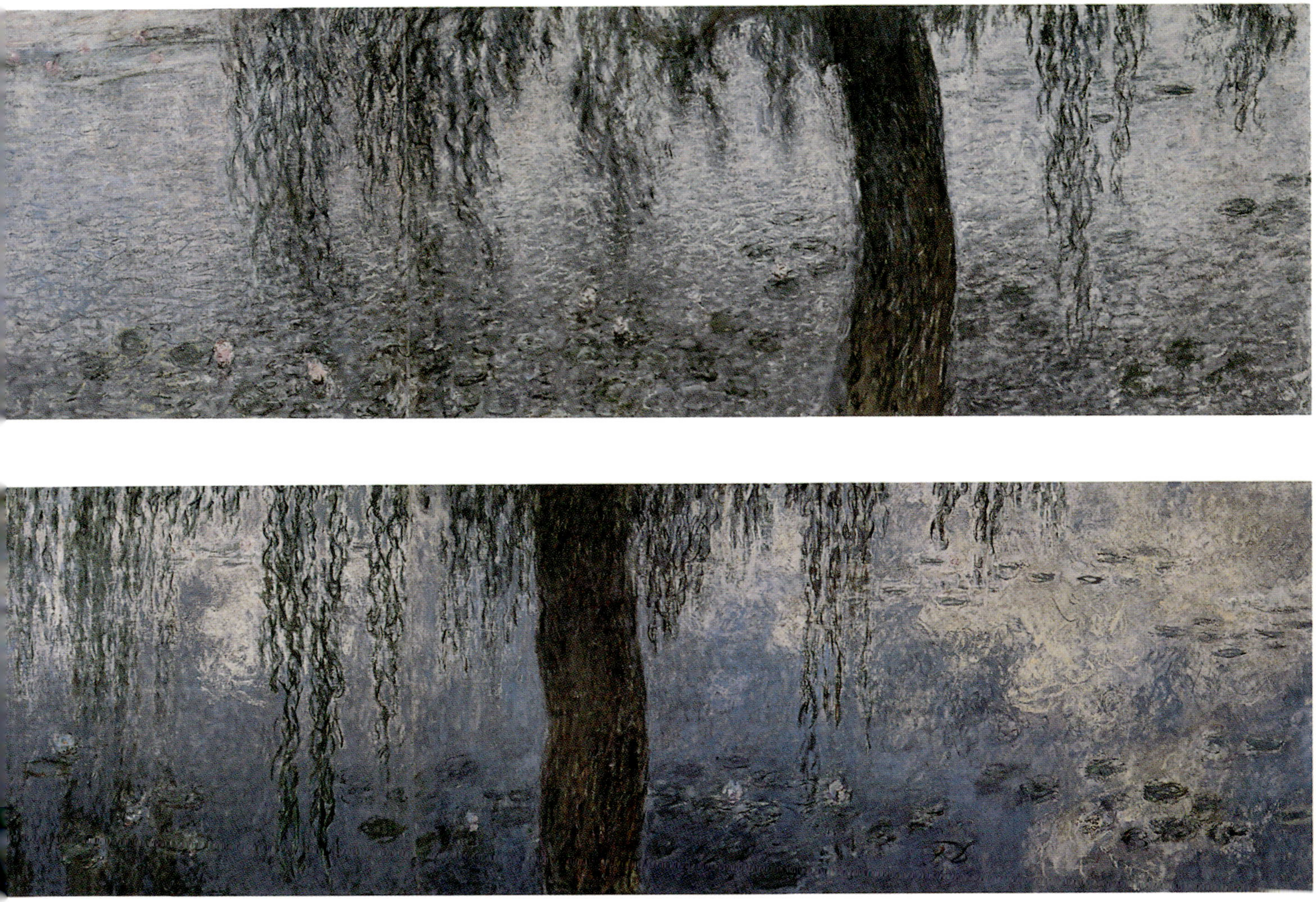

Le Matin aux saules

[1914-26?]
trois panneaux
de 200 x 425 cm
Musée de
l'Orangerie,
Paris.

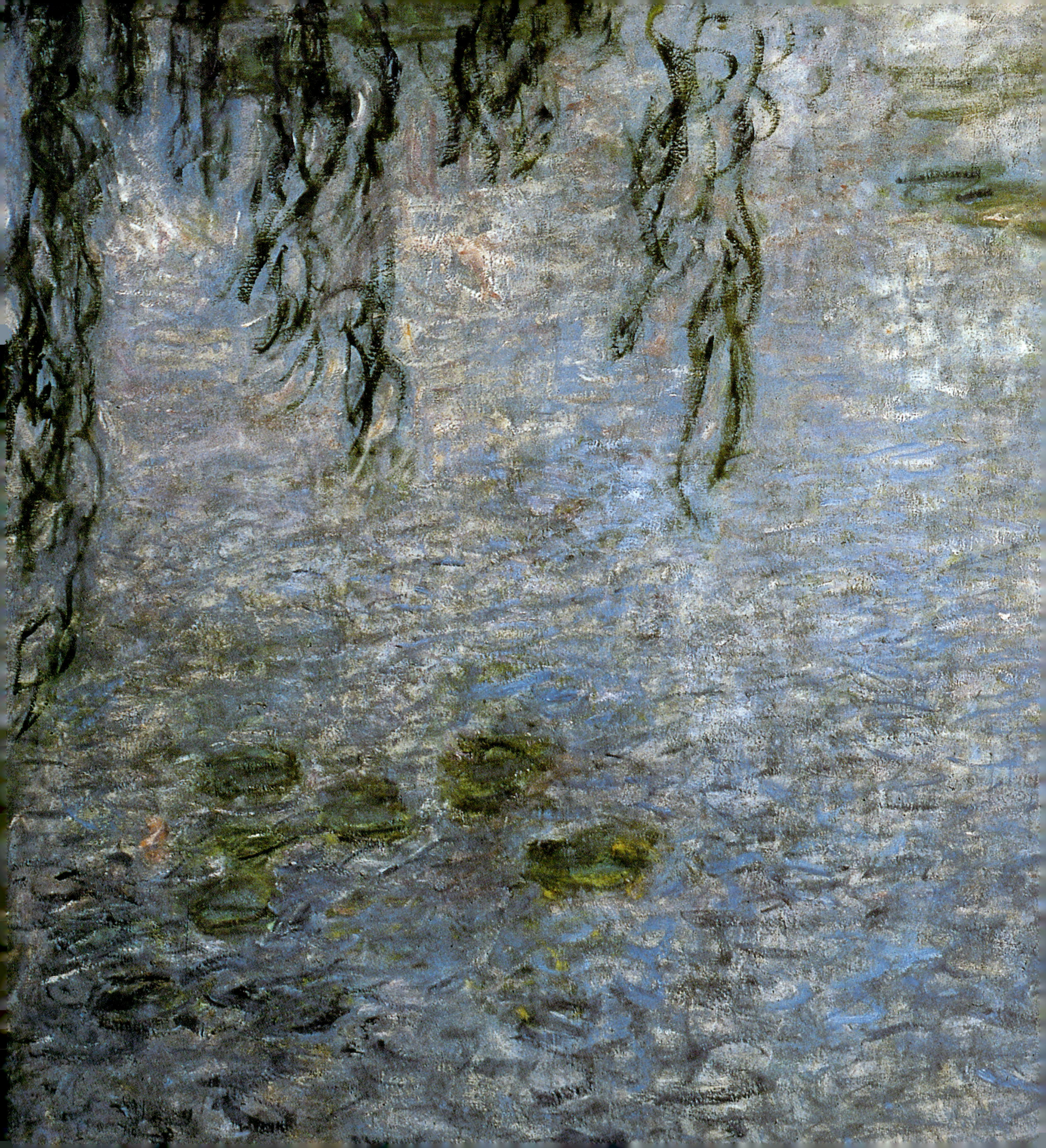

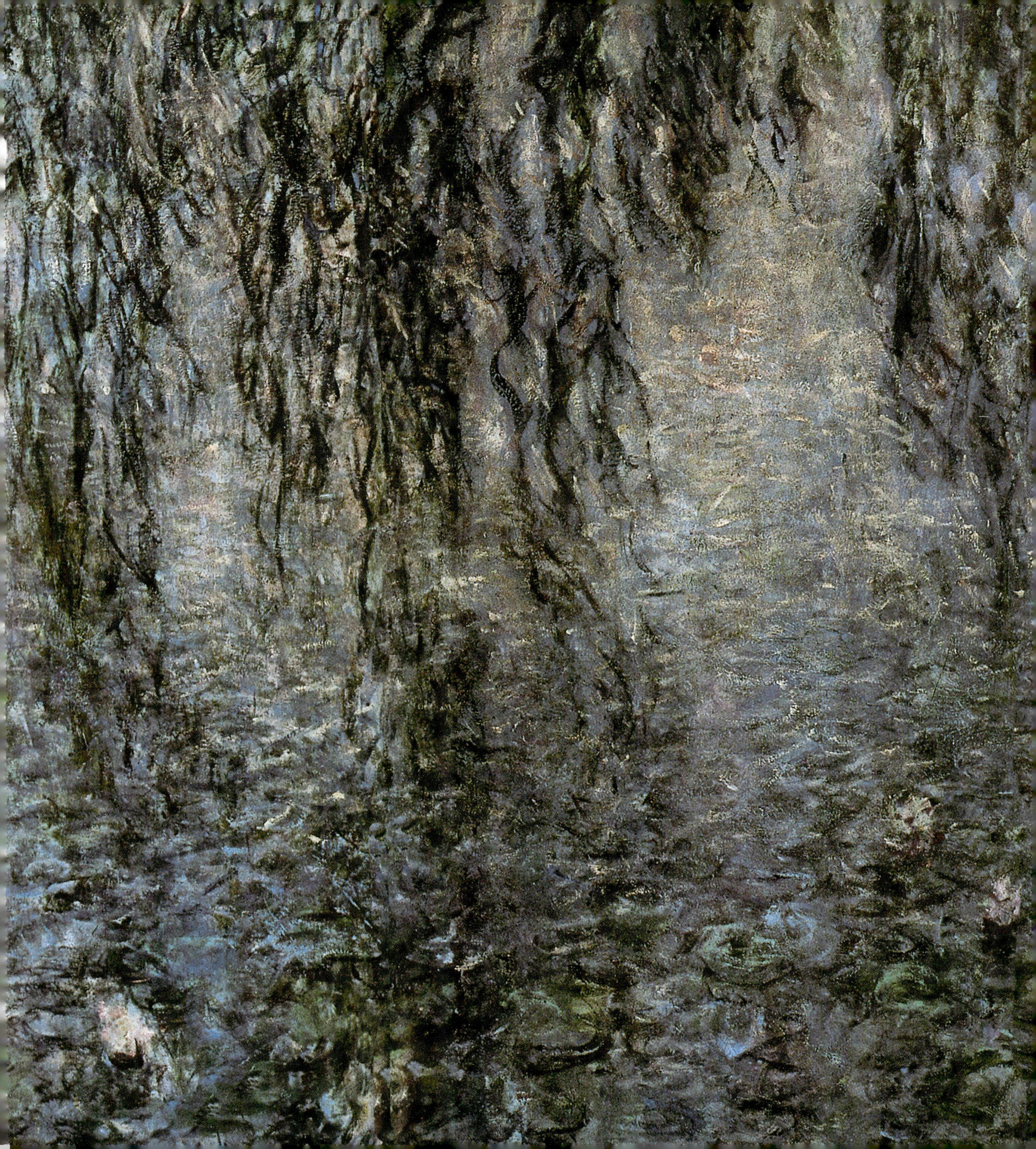

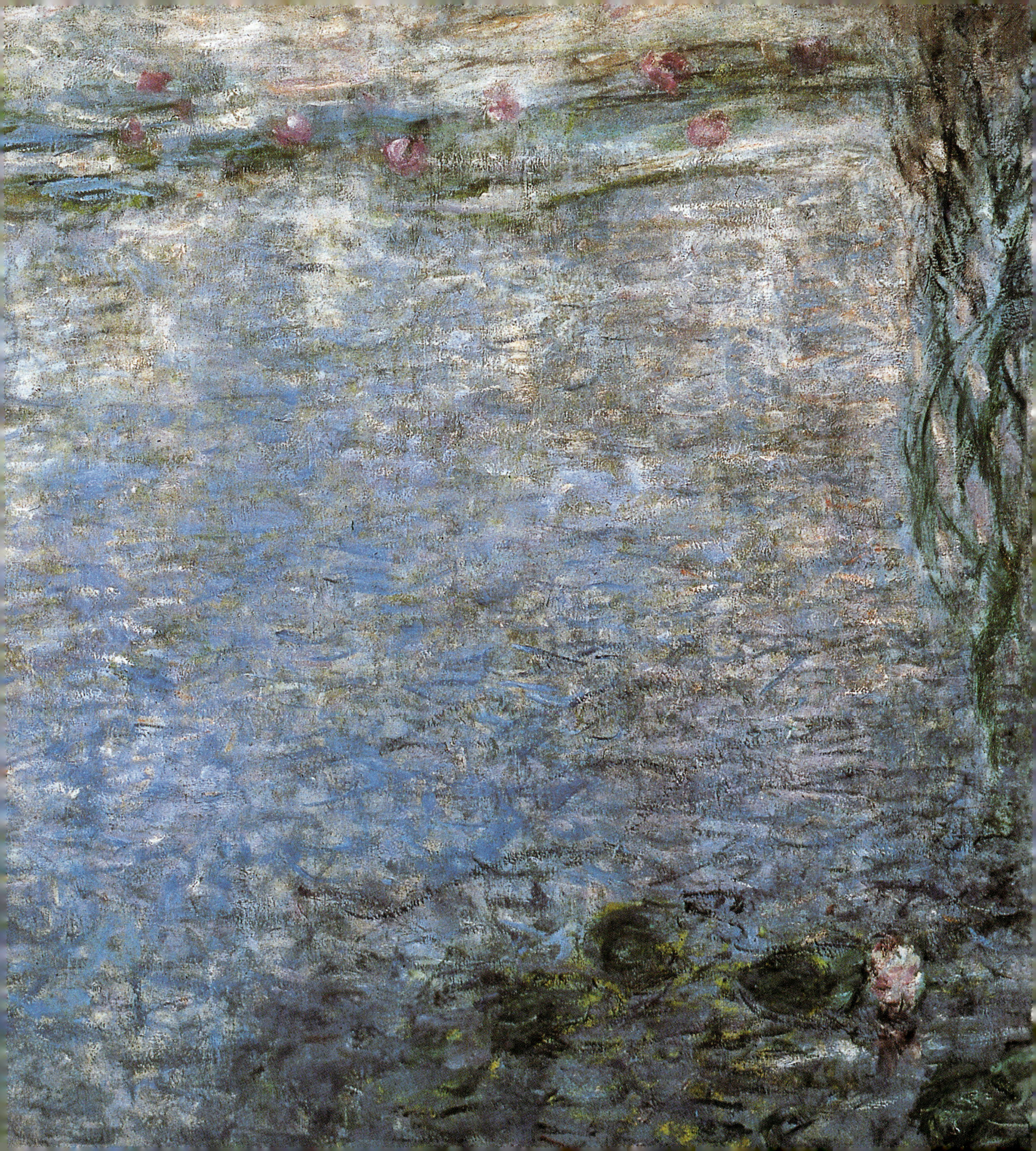

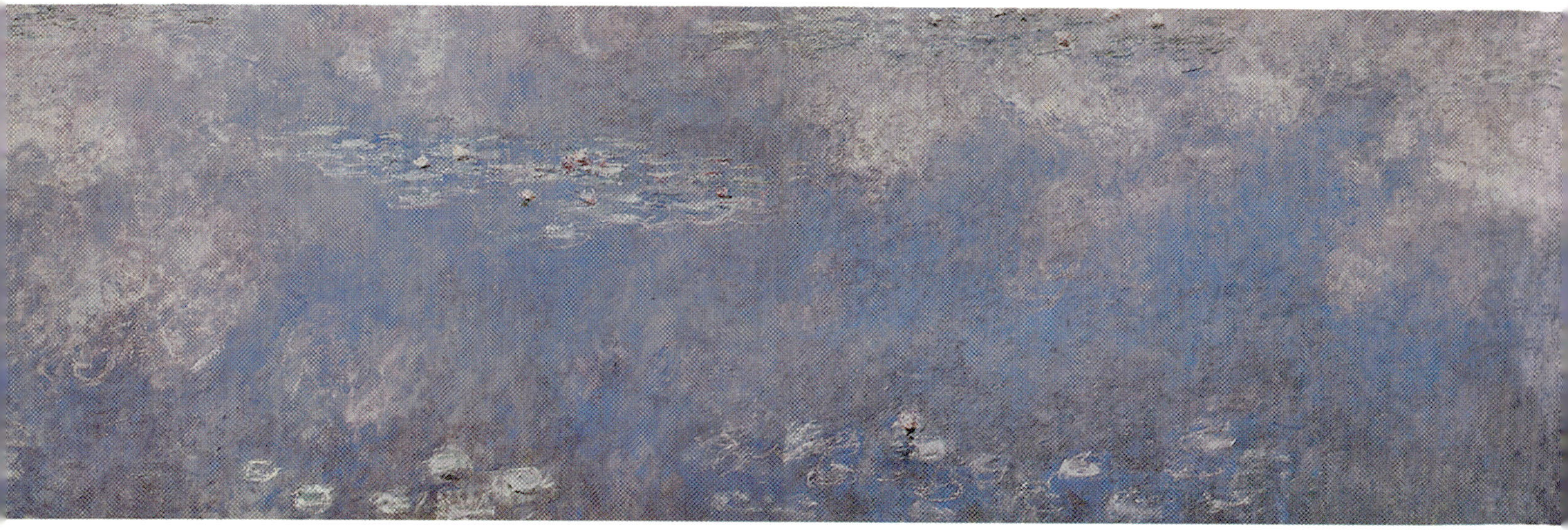

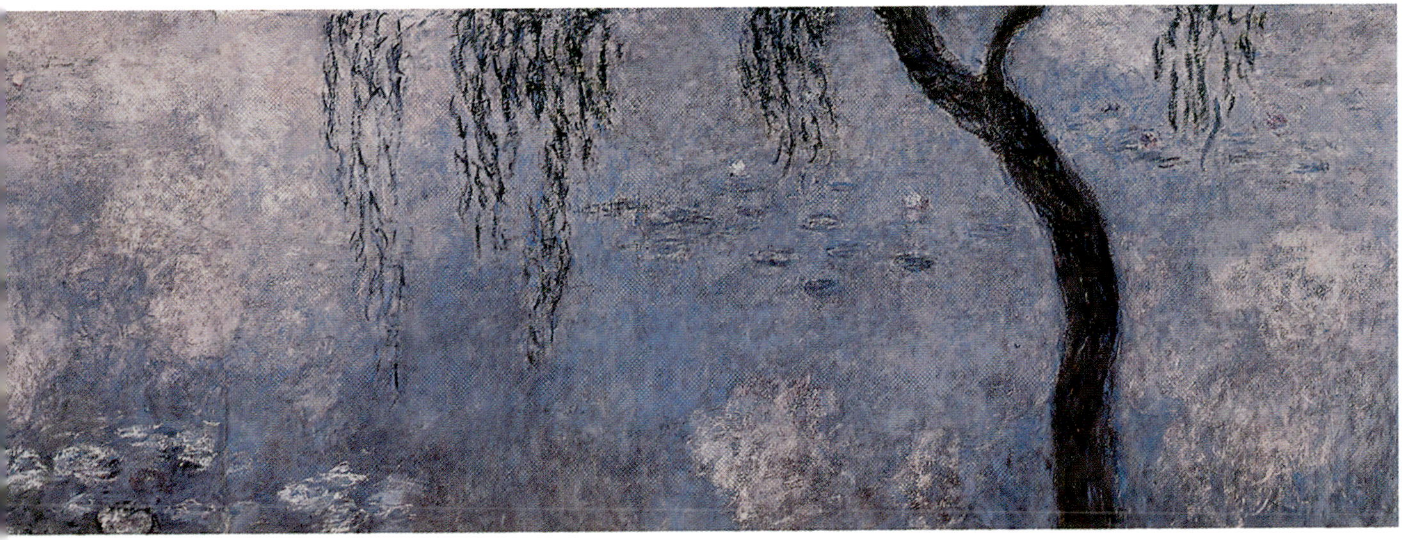

Les Deux Saules
[1914-26?]
quatre panneaux
de 200 x 425 cm
Musée de
l'Orangerie,
Paris.

Grandes décorations, 1914-1926.

1
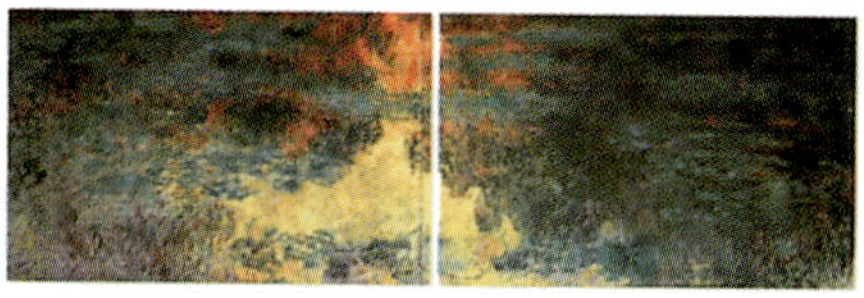

1 ***Le Bassin aux nymphéas, le soir***
diptyque,
chaque panneau:
200 x 300 cm.
W 1964-1965

2
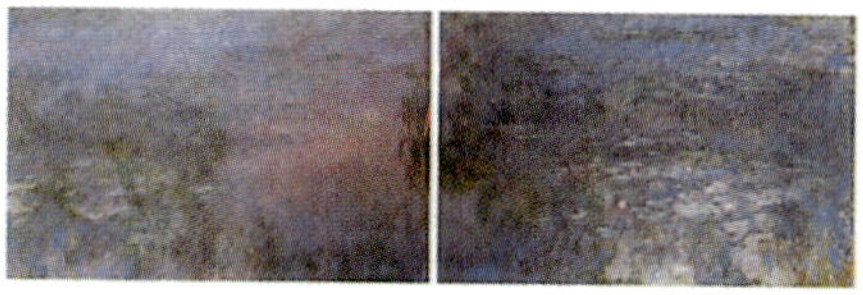

2 ***Le Bassin aux nymphéas***
diptyque,
chaque panneau:
200 x 300 cm.
W 1966-1967

3
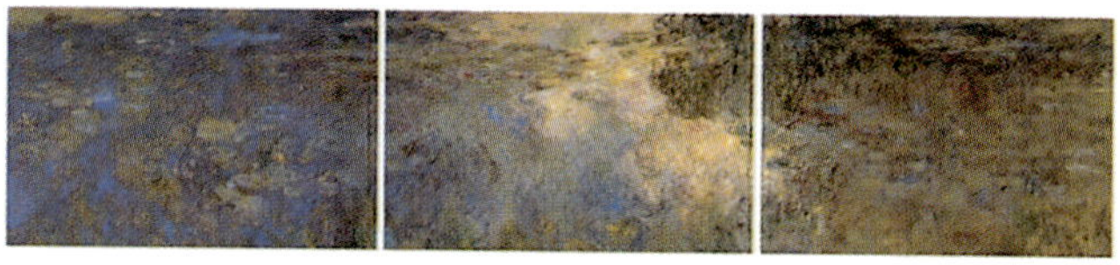

3 ***Le Bassin aux nymphéas***
triptyque,
chaque panneau:
200 x 300 cm.
W 1968-1969-1970

4
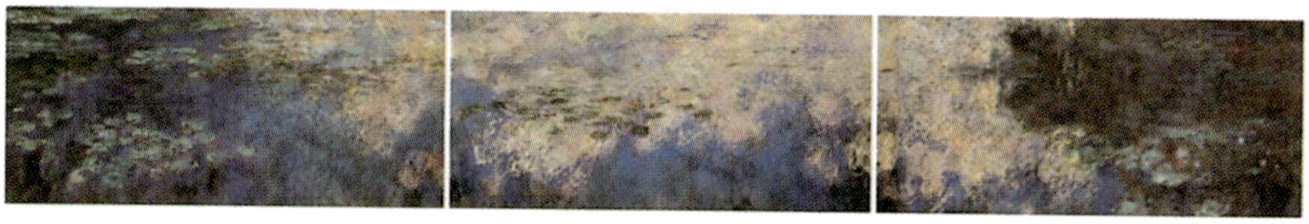

4 ***Le Bassin aux nymphéas, reflets de nuages***
triptyque,
chaque panneau:
200 x 425 cm.
W 1972-1973-1974

5
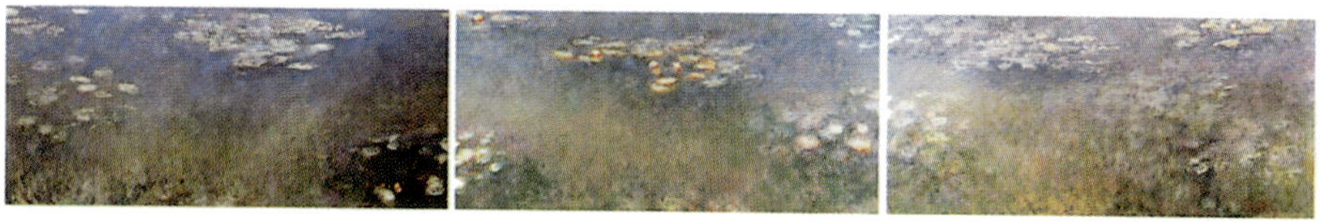

5 ***L'Agapanthe***
triptyque,
chaque panneau:
200 x 425 cm.
W 1975-1976-1977

6
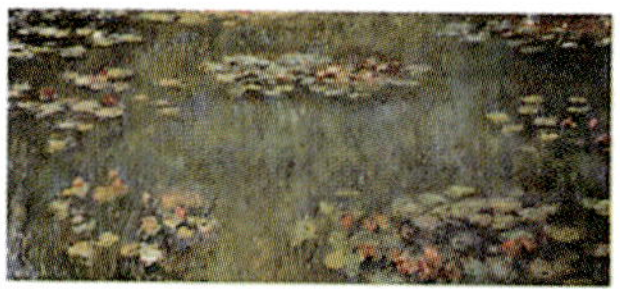

6 ***Le Bassin aux nymphéas, reflets verts***
200 x 425 cm.
W 1979

7
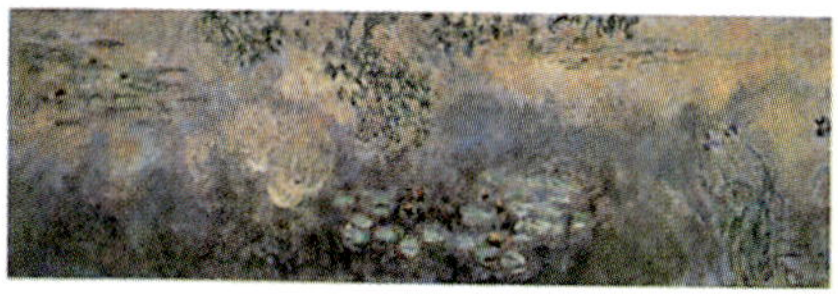

7 ***Le Bassin aux nymphéas avec iris***
200 x 600 cm.
W 1980

8
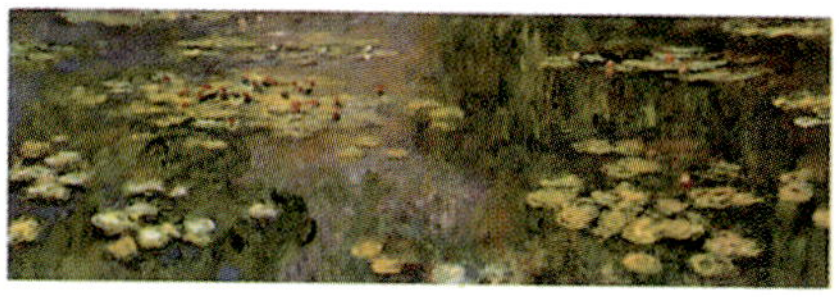

8 ***Le Bassin aux nymphéas***
200 x 600 cm.
W 1983

Les *Nymphéas* de l'Orangerie, 1914-1926.

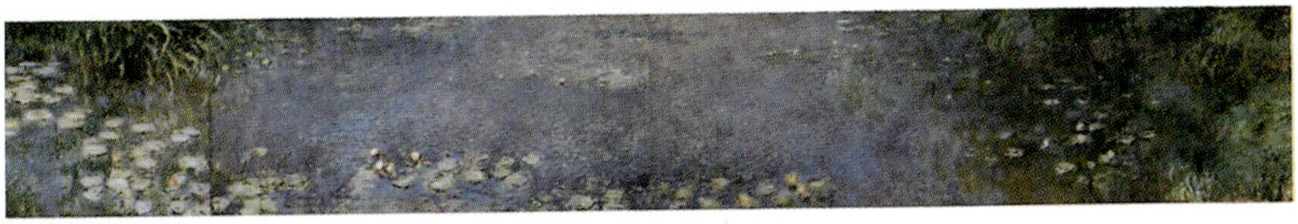
1

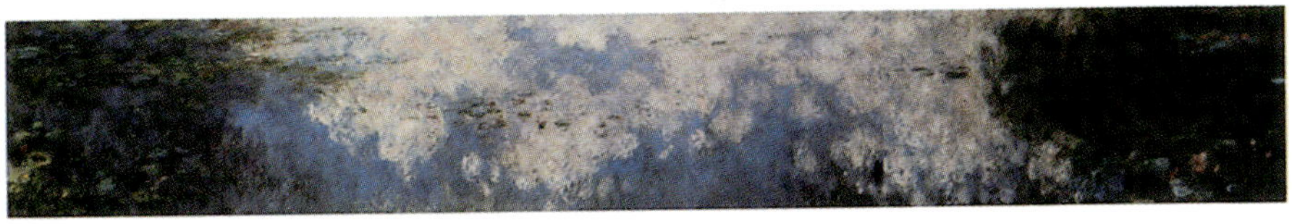
2

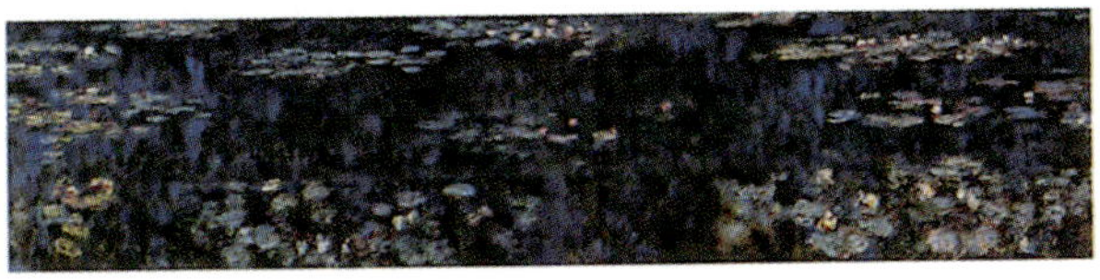
3

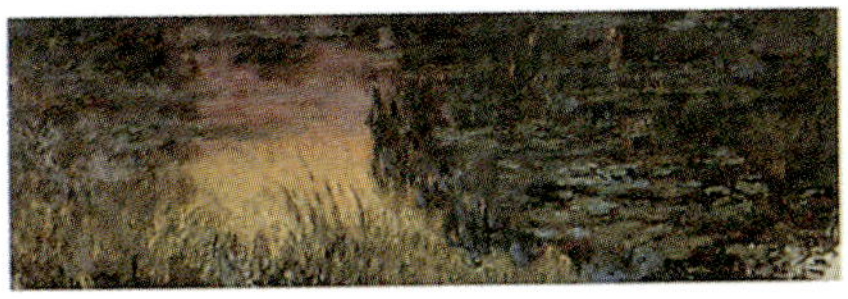
4

5

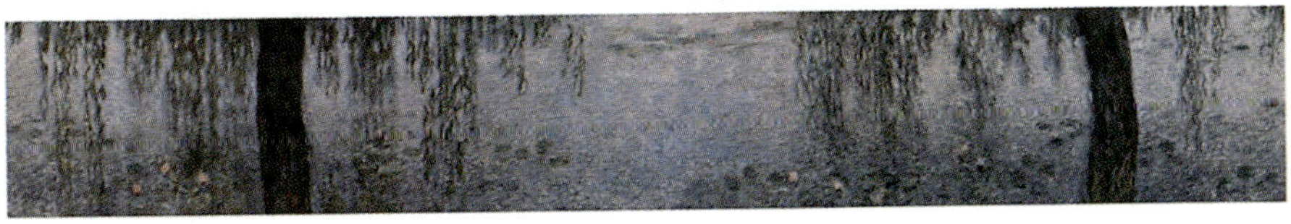
6

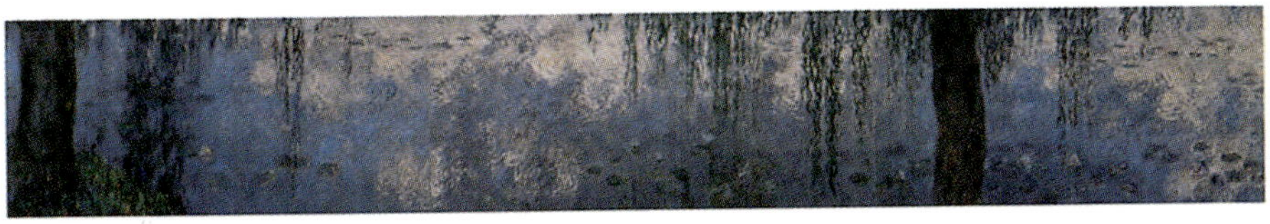
7

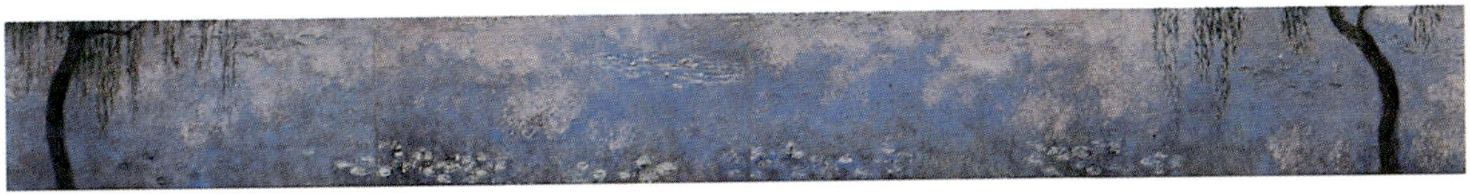
8

1 ***Matin***
200 x 1275 cm,
deux panneaux
de 200 x 212,5 cm, et
deux de 200 x 425 cm.

2 ***Les Nuages***
200 x 850 cm,
deux panneaux
de 200 x 425 cm.

3 ***Reflets verts***
200 x 850 cm,
deux panneaux
de 200 x 425 cm.

4 ***Soleil couchant***
200 x 600 cm.

5 ***Reflets d'arbres***
200 x 850 cm,
deux panneaux
de 200 x 425 cm.

6 ***Le Matin clair
aux saules***
200 x 1275 cm,
trois panneaux
de 200 x 425 cm.

7 ***Le Matin aux saules***
200 x 1275 cm,
trois panneaux
de 200 x 425 cm.

8 ***Les Deux Saules***
200 x 1700 cm,
quatre panneaux
de 200 x 425 cm.

QUELQUES « LECTURES » DES *NYMPHÉAS*

Les *Bassins aux nymphéas*

RAITIF DE LA BRETONNE [ALIAS JEAN LORRAIN]

Pour faire éclore ces nymphéas magiques, dont la vision enchante, aujourd'hui, tout Paris, Claude Monet a détourné un bras de Seine ; mais aussi quelle unique et délicieuse vision que cet étang étoilé d'énormes calices bleus, qu'enjambent de toutes parts des ponts de bambou, de fabrication japonaise.

Par ces temps de pluie et de brume, où les poussières de Paris ne sont plus que des boues, détrempées sous on ne sait quelle nauséeuse et céleste pituite, le 16 de la rue Laffitte [la galerie Durand-Ruel] est devenu un bien autre réconfort que les mises en scène plus ou moins économiques, des premières de la semaine. [...] Fidèle à sa manière de procéder, peintre visionnaire du décor élu par lui, Monet a peint dix fois ce *Bassin des nymphéas*, à toutes les heures du jour et dans l'enchantement de leurs diverses lumières, c'est l'horaire du rêve et de la réalité.

« Féeries peintes », *Le Journal*, 10 décembre 1900.

ÉMILE VERHAEREN

Certes, un tel art est audacieux et subtil, même périlleux, puisqu'il glisse facilement dans la simple difficulté à vaincre ou dans la fantaisie et la virtuosité. Heureusement Claude Monet est de ceux dont l'émotion profonde empêche le métier de dégénérer en exercice rare ou superficiel. Qu'il l'admette ou non, le terme de grand poète peut lui être appliqué, si l'on entend par là une force intelligente et particulièrement sensible en sympathie avec la beauté du monde. Or, un poète ne peut, à moins de se nier, devenir un virtuose ; il est condamné à rester grave, sincère et angoissé devant la nature. Peu à peu il vit d'elle et elle vit à son tour dans ces parcelles de cerveau qui la regardent, l'étudient, l'admirent et la reproduisent. Aux heures de fructueux travail, l'union est complète. La vie individuelle et la vie totale fusionnent. Le poète devient l'univers qu'il traduit. Ce n'est que par cette communion que s'élaborent les grandes œuvres. La force cosmique y devient consciente et, grâce à cette conscience, s'y pare de beauté.

« Art moderne », *Mercure de France*, février 1901.

Les *Paysages d'eau*

GUSTAVE GEFFROY

C'est ce spectacle qu'il avait sous les yeux qu'il a voulu rendre, c'est à cette entreprise délicieuse qu'il s'est acharné pendant des années. Nous en voyons le résultat aujourd'hui, et tout d'abord, en parcourant les trois salles où sont réunis ces paysages d'eau, on a l'impression d'un admirable ensemble décoratif, on rêve de garder cela ainsi, sur des murailles, dans des salles paisibles où des promeneurs viendraient chercher la distraction de la vie sociale, l'apaisement des fatigues, l'amour de la nature éternelle. Puis, chaque tableau devient un monde, un de ces résumés d'un instant où l'impressionnisme de Claude Monet a su évoquer l'universalité des choses. [...] Tout bouge et tout vit dans ces admirables œuvres, et pourtant, toutes ont le magnifique calme de l'art, cette plénitude, cette sérénité, que possèdent seules les œuvres d'exception.

« Les Paysages d'eau de Claude Monet », *La Dépêche de Toulouse*, 15 mai 1909.

ROGER MARX

À l'évidence de la réalité suppléera la magie évocatrice du reflet ; c'est lui qui va rappeler les bords disparus ; voici de nouveau, invertis et tremblants, les peupliers, les grands saules aux ramures éplorées, et voici, entre les arbres, l'éclaircie, l'allée de lumière où brille la nue teintée d'or et de pourpre ; les feux de l'aurore et du crépuscule embrasent la glace transparente, et tel est l'éclat de ses lueurs d'apothéose que leur réverbération laisse d'abord mal distinguer les humbles plantes perdues dans l'ombre qui s'allonge sur le miroir des eaux.

En dehors de ces instants qui parent la nature de magnificence, il en est d'autres qui ont leur poésie, moins héroïque peut-être, mais plus durable et grandement suggestive. Je veux parler de ces heures qui marquent, pendant l'été, le milieu du jour ; leur charme répudie la violence des contrastes ; tout y est langueur harmonieuse et douce volupté ; l'âme s'y délasse dans le bienfait de la songerie. Ces après-midis bénéficient d'une profusion d'éblouissante lumière, d'un poudroiement de clartés irisées ; le rayon se volatilise, les contours s'émoussent, les éléments se pénètrent et se confondent. Au plus fort de la chaleur, dans le voisinage des étangs la nature semble flotter dans l'air humide, s'évanouir et seconder le jeu des interprétations imaginaires ; ce sont ces mirages, transposés dans le mode mineur de colorations bleuâtres et cendrées, que réfléchit le bassin aux nymphéas ; il est maintenant pareil à une nappe d'azur tendre ; des taches de pâle écume verte le marbrent, çà et là constellées par l'éclair d'une topaze, d'un rubis, d'un saphir, ou la nacre d'une perle. Sous le voile léger d'un brouillard d'argent, à travers l'encens des molles vapeurs,

...l'indécis au précis se joint,

la certitude devient conjecture, et l'énigme du mystère ouvre à l'esprit le monde de l'illusion et l'infini du rêve.

« Les "Nymphéas" de Claude Monet », *Gazette des beaux-arts*, juin 1909.

LOUIS GILLET

Une peinture sans bords, une nappe liquide, une glace sans cadre. Tout ce qui est dessin, forme positive, horizon, disparaît. Sans les deux ou trois groupes de feuilles aquatiques semés sur ce miroir, rien n'indiquerait à quel fragment de l'étendue infinie on peut avoir affaire : nul autre jalon pour déterminer le point de vue et l'angle de la perspective. Pour animer cet espace neutre, l'artiste se limite strictement aux reflets : avec cette conséquence qu'on a un tableau renversé. Les arbres (invisibles) ne s'annoncent que par leurs images. Le ciel – surprise ingénieuse – au lieu de faire coupole, touche le bord inférieur du cadre, et la note la plus claire, à l'ordinaire la plus haute, est ici la base.

Je passe sur la difficulté inouïe de faire plafonner un tableau par en bas, sur le problème terrible que soulevait l'intersection de trois ou quatre plans, ou plutôt l'obligation où se trouvait l'artiste de les représenter tous sur un plan irréel ; impossible, en peinture, d'accumuler plus de paradoxes. Comme solution, cela passe tout ce qu'on connaît de plus fort en ce genre. Le fameux stratagème par lequel Giorgione réussit à montrer, dans le même tableau, la même figure sous quatre faces (par un système de miroirs), n'est plus qu'enfantillage. Devant de tels morceaux, le peintre florentin qui réveillait sa femme, la nuit, en s'écriant : « La belle chose que la perspective ! » tomberait à genoux. La pure abstraction de l'art ne peut aller plus loin.

Qui saura dans quelques années, lorsque les œuvres de l'artiste se trouveront éparses dans tous les musées des deux mondes, que le plus précieux s'en est évaporé et qu'on aura laissé se perdre inutilement l'effort d'une vie d'artiste, l'effort le plus puissant qui ait été tenté pour donner au paysage intime, au tableau d'intérieur une valeur décorative et faire entrer dans la peinture le sens de la *continuité* ?

« L'épilogue de l'impressionnisme : les "Nymphéas" de M. Claude Monet », *La Revue hebdomadaire*, 21 août 1909.

Les *Nymphéas* de l'Orangerie

GUSTAVE GEFFROY

Cette mesure sans fin de son rêve et du rêve de la vie, il l'a formulée, reprise, et formulée à nouveau et sans cesse par le songe éperdu de son art devant l'abîme lumineux du bassin des *Nymphéas*. Il a trouvé là, pour ainsi dire, le dernier mot des choses, si les choses avaient un premier et un dernier mot. Il a découvert et démontré que *tout* est *partout*, et qu'après avoir couru le monde en adorant la lumière qui l'éclaire, il a su que cette lumière venait se refléter avec toutes ses splendeurs et ses mystères au creux magique entouré de feuillages de saules et de bambous, de fleurs d'iris et de rosiers, à travers le miroir de l'eau d'où jaillissent les étranges fleurs qui semblent plus silencieuses et plus hermétiques encore que toutes les autres fleurs.

[…] Ces jeux de rayons et de couleurs se mêlent, se dénouent et se recomposent au creux de l'étang, aussi profond que le ciel est haut, à s'imaginer que la terre perforée laisse apercevoir, de l'autre côté, le passage des nuages et les heures alternées du jour. Il faut la puissance de la nature, ces troncs d'arbres rugueux jaillis du sol, ces plantes issues des bords, ces chevelures qui pendent des branches des saules et qui effleurent l'eau frémissante, pour ramener l'esprit vers d'autres images de la réalité plus proche. La poésie shakespearienne prend subitement possession de ce domaine où Monet devient le Prospero d'un décor aux êtres invisibles. La chair nacrée et blonde de Titania luit à travers les branches, Ariel danse en feu follet aux tiges des fleurs, Caliban est enfermé avec ses grognements sous l'écorce rugueuse du vieux saule. Et voici que toute cette fantasmagorie fait place à une autre. La pâle figure d'Ophélie va glisser sur l'eau, les fleurs qu'elle a cueillies s'en vont à la dérive, la pervenche et le bouton d'or, l'iris et le romarin. La branche du saule où elle va se suspendre ploie déjà sous le vent.

Puis, tout retourne au néant, les images et les pensées. Il n'y a plus devant nous que l'eau immobile et muette, les fleurs qui s'ouvrent et se referment, la lumière qui frémit, le nuage qui passe, – la nature et son mystère, un homme qui songe, un grand artiste qui exprime le rêve de l'infini.

Claude Monet : sa vie, son temps, son œuvre, Paris, Crès, 1922 (nouv. éd., Paris, Macula, 1980).

GEORGES CLEMENCEAU

Là gît, à proprement dire, le miracle des *Nymphéas* qui nous représente l'ordre des choses autrement que, jusqu'ici, nous ne l'avons observé. Rapports nouveaux, lumières nouvelles. Aspects toujours changeants d'un univers qui s'ignore, et cependant s'exprime en nos sensations. Nous admettre à des émotions inconnues jusque-là, n'est-ce pas obtenir de l'Infini muet de nouveaux états d'assimilation ? N'est-ce pas pénétrer plus avant dans le monde lui-même, dans le monde impénétrable ? Voilà ce qu'à découvert Monet en regardant le ciel dans l'eau de son jardin. Et voilà ce qu'à notre tour, il prétend nous révéler.

[…] le peintre nous découvre, comme par l'éclairage de l'ultra-microscope, des profondeurs élémentaires que, sans lui, nous n'aurions pas connues ! Ne sommes-nous pas là bien près d'une interprétation représentative des mouvements browniens ? Toute la distance de la science à l'art, c'est entendu. Mais, en même temps, toute l'unité des phénomènes cosmiques, dont le peintre, au lieu de la vision directe, nous offre une interprétation couronnée d'une envahissante émotion de beauté, où la pure connaissance n'arrive qu'après de longs tâtonnements d'observation. Lorsque les *Nymphéas* du *Jardin d'eau* nous emportent de la plaine liquide aux nuages voyageurs de l'espace infini, nous quittons la terre, et son ciel même, pour jouir pleinement de l'harmonie suprême des choses, bien au delà de notre petit monde planétaire, dans le plein vol de nos émotivités.

Claude Monet : les Nymphéas, Paris, Plon, 1928 (nouv. éd., Paris, Le Terrain vague, 1990).

CAMILLE MAUCLAIR

Les *Nymphéas* sont un poème ou une suite instrumentale. Monet y a montré au plus haut degré ses surprenantes finesses et richesses de perception optique, et il s'est plu à jouer la difficulté en remplissant de nuances subtiles huit longs panneaux où il n'y a rien de dense, aucun volume, aucune valeur forte, aucun repère, où tout est image d'image, reflet de reflet, et qui pourtant ne paraissent jamais vides, avec d'adorables gammes de bleu, de violet, de jaune pâle, de rose vif ou mourant, sans une opacité, sans une rupture d'harmonie. Est-ce pure virtuosité, comme on l'a dit ? C'est mal comprendre le véritable sens d'une telle œuvre. Mais une époque de dure réaction cézannienne, éprise de géométrie et dédaigneuse de l'émotion, [...] ne pouvait se plaire à cet art singulièrement et puissamment naturiste. Nul ne sait ce que l'avenir pensera des Nymphéas auxquels une si belle place a été faite au cœur de Paris : peut-être les adorera-t-il, peut-être les jugera-t-il incompréhensibles. Pour l'instant, le cézannisme réagit contre la vision de Monet comme la jeune musique polyrythmique contre le debussysme : ainsi Monet avait réagi contre l'académisme et Debussy contre le wagnérisme, et c'est la loi éternelle des alternances et des désaveux, moteur caché des progrès d'art. Ce qui peut être dit le plus justement, c'est que Monet, magnifique individualité ne songeant qu'à contenter sa passion, a tenté un « raid » pictural dont on ne saurait guère dépasser les limites sans arriver à l'inintelligible, l'excès d'analyse finissant par désagréger l'objet jusqu'à totale destruction, comme le panthéisme dissout la divinité en la voyant dans la moindre parcelle : et les imitateurs de Monet, copiant ses formules sans avoir son génie, ont vite montré le péril et justifié par leur évanescence le besoin de solidité exprimé par Cézanne. Mais une telle tentative suffit à la gloire d'un homme. Les *Nymphéas* sont l'adieu tendre et émouvant laissé par un grand coloriste indépendant, un des créateurs les plus libres de toute influence que l'école française ait comptés.

Le Musée du Luxembourg, Paris, Nilsson, 1927.

JACQUES-ÉMILE BLANCHE

Ces vastes panneaux, au premier abord, pourraient passer pour un décor de théâtre trop joli, trop frais ; l'excès du goût rejoint le mauvais goût. Le départ est malaisé à faire entre l'un et l'autre quand une rétine de peintre aussi subtile et délicate que celle de Monet a enregistré, quand un pinceau aussi exercé que le sien nous rend les éblouissantes féeries de la nature. [...] Chaque fleur blanche et rose se colore de bleu, de violet, d'orangé, selon le mouvement des nuages, elles se font pelotes de soie, boules de neige, montagnes, seins de femme. Le mirage qui se compose et se décompose sans cesse, aperçu entre des lianes de saule, Monet en a divisé l'intérêt par des troncs d'arbres qui partent d'un endroit invisible. Cet appui, il l'a senti nécessaire, de crainte que ces tableaux ne ressemblassent à du papier peint.

Le flou paraît plus flou s'il est encastré dans la pierre. On a dit des *Nymphéas* que c'était du Carrière en couleurs. Carrière s'était lui-même trompé en s'adonnant à la décoration. La plastique murale a sa poésie et sa technique qui est dure, solide, linéaire, celle des grands fresquistes italiens des XVe et XVIe siècles que renouvelle Puvis de Chavannes. Les cubistes nous donneraient plus de décorateurs que ne fit l'impressionnisme.

Les Arts plastiques : La IIIe République de 1870 à nos jours, Paris, Les Éditions de France, 1931.

ANDRÉ MASSON

L'œil limpide, le Raphaël des eaux, le Maître de Giverny... Il fut vénéré par ses pairs, puis vinrent l'effacement brutal des ancêtres par la jeunesse piaffante et tout naturellement impatiente « d'autres choses », les oscillations du goût, la perte de la popularité.

Sa place qui fut, et demeure, capitale, ne devrait être amoindrie d'aucune sorte si l'on voulait bien admettre qu'il est vain, en fin de compte, de vouloir refaire l'histoire de l'art, même si un changement arbitraire des valeurs semble nécessaire à la justification d'aventures et d'exploits contemporains. [...]

Peut-être a-t-il laissé trop dire qu'il se contentait d'enregistrer des sensations colorées : « laisser l'œil vivre de sa vie ». La vérité est qu'il savait, mieux que quiconque, « organiser ses sensations », choisir parmi cet envahissement de l'irisation infinie, une dominante. [...]

On peut rêver d'un Claude Monet se dirigeant vers l'emploi des grandes nappes claires et diaprées qui furent le fief de Véronèse, de Tiepolo. Ne rêvons plus, et considérons son œuvre suprême, les *Nymphéas.* Malgré leurs dimensions monumentales, elles ne manifestent en rien les caractères de la grande décoration vénitienne ou flamande. La disposition d'esprit me paraît être celle d'un grand peintre « de chevalet » qui décide de donner à sa vision un champ assez vaste – assez imposant pour qu'elle embrasse le monde. (Un miroir d'eau suffira pour s'identifier à l'Univers.) Vision cosmique, aimerais-je dire, si ce mot n'avait été dévié ces dernières saisons, et proféré à propos de n'importe qui, de n'importe quoi. Ainsi Michel-Ange, créateur de figures uniques et solitaires attend le jour où une chapelle vaticane lui permettra de prendre son essor, de montrer sa toute-puissance. C'est pourquoi il me plaît très sérieusement, de dire de l'Orangerie des Tuileries qu'elle est la Sixtine de l'impressionnisme. Lieu désert, au cœur de Paris, comme donnant le sacre de l'inaccessible à la grande œuvre qu'elle recèle : un des sommets du génie français. [...]

« Monet le fondateur », *Verve*, vol. VII, nos 27 et 28, 1952.

CLEMENT GREENBERG

Venturi, en 1939, écrivait que Monet avait été « la victime et le fossoyeur de l'impressionnisme ». Il semblait, encore à cette époque, que Monet n'avait rien de plus à dire à l'avant-garde. Quelques années plus tard seulement, plusieurs Américains qui allaient bientôt se placer à l'extrême pointe de l'avant-garde en peinture le redécouvraient avec enthousiasme. Ils n'avaient même pas vu, hormis en reproductions, ces immenses gros plans que sont les derniers *Nymphéas*, mais déjà ils apprenaient de Monet, et de Matisse aussi, qu'un grand espace au sens purement physique du terme était nécessaire pour pouvoir développer une puissante idée picturale qui n'impliquait pas l'illusion d'une trop grande profondeur. Les larges taches plaquées sur la toile et les gribouillages de Monet leur indiquaient, en outre, que la peinture devait être capable de respirer, et que, lorsqu'elle respirait, elle exhalait d'abord et avant tout la couleur, de la couleur en champ et en étendues plates, plus qu'en formes, et que cette couleur devait être sollicitée de la surface, autant qu'appliquée dessus. C'est en se recommandant de la dernière période de Monet que ces mêmes jeunes Américains commencèrent à rejeter le dessin sculptural – le « dessin-dessin » – inutilement minutieux et tatillon, pour se tourner vers le dessin « surface », le dessin « anti-dessin ».

On avait coutume de dire que Monet s'était survécu, qu'à sa mort en 1926 il était devenu un anachronisme. Aujourd'hui, cependant, on commence à voir que ces magnifiques aboutissements que constituent les derniers

Nymphéas appartiennent à notre époque alors même que l'entreprise de globalisation de Cézanne (dans ses deux *Grandes Baigneuses*) s'en est détachée. Les vingt-cinq années qui séparent les *Baigneuses* des *Nymphéas* de l'Orangerie ne seraient donc pas sans signification, après tout, et les vingt années de sursis accordées à Monet n'auraient pas été employées en vain.
« The Later Monet », *Art News Annual*, XXVI, 1957.

MARIANNE ALPHANT
C'est une peinture sans réserve, dispendieuse, cumulative, mais aussi une peinture incessante. Toutes les interruptions sont fictives. Il n'y a pas de terme. Monet n'attend pas d'avoir fini une suite de panneaux pour en commencer d'autres, il enchaîne, reprend, invente de nouvelles variations selon un mouvement de fugue qui paraît ne jamais devoir s'arrêter. Aux moments les plus intenses, dira-t-il à Arsène Alexandre, son cerveau et sa main continuaient, la nuit, « à étaler en rêve les couleurs sur ses toiles en descendant plus bas, toujours plus bas avec une force irrésistible ». *Les Trois Saules, Les Nuages, L'Agapanthe, Reflets verts, Reflets d'arbres, Reflets de nuages* – le monde ne cesse de s'élargir en même temps qu'il se dissout en éther et reflets aériens, en couleurs et reflets de couleurs. Il n'y a plus de paysage sinon celui qui résume toutes ses modalités – circonférence et centre, surface et profondeur, lieu des lieux, foyer de lumière. Le peintre est chez lui mais aussi bien nulle part. C'est l'anneau d'une allée cheminant autour et à l'intérieur du bassin, c'est une tache sur ce bassin, cerne d'une feuille, ombre, lueur, presque rien. C'est ce rapport fragile et extraordinairement tenace entre un regard patient de veilleur et cette zone de lumière où il s'absorbe et rebondit sans fin.

[...] Qu'en faire ? En décorer une pièce, par exemple la salle à manger d'un millionnaire, propose Arsène Alexandre. Souvenir de la Peacock Room de Whistler. Ou de la salle à manger de Durand-Ruel : Monet n'en a jamais été vraiment satisfait et la commande lui avait donné tant de peine au début des années 1880 qu'il n'était pas loin d'accuser son marchand de vouloir l'empêcher de travailler en plein air. Souvenirs aussi du château de Montgeron et de sa décoration inachevée, dispersée par la faillite Hoschedé. Avec les grands *Nymphéas*, Monet ne relève de personne d'autre que de lui-même. Jamais il n'a été plus libre que dans ce travail conçu et mené à l'écart, hors du jardin mais sans le quitter, loin de la guerre mais en elle, lié à sa violence et parodiant secrètement ses combats. L'extraordinaire prodigalité de cette peinture la place en dehors des circuits commerciaux. Mieux qu'un autre, Monet a compris ce qu'était le marché : le moment est maintenant venu d'en affranchir sa dernière œuvre. Il décide d'en faire une donation.
Claude Monet : une vie dans le paysage, Paris, Hazan, 1993.

CHRONOLOGIE

1883
Claude Monet (1840-1926) et sa famille s'installent à Giverny (Eure) dans une propriété de location.

1890
Achat de la propriété de Giverny.

1893
Achat d'un terrain prolongeant la propriété, au sud. Monet l'aménage en « jardin d'eau » en y faisant creuser un bassin, où il entreprend de cultiver des nymphéas.

1895
Premières vues connues du jardin d'eau.

1897
Premier projet d'un ensemble décoratif circulaire sur le thème des *Nymphéas* ; grandes études en vue de ce projet.

1899
Première série de *Bassins aux nymphéas*.

1900
Deuxième série de *Bassins aux nymphéas*. Exposition chez Durand-Ruel comprenant douze *Bassins aux nymphéas*.

1901
Achat d'un nouveau terrain, prolongeant le jardin d'eau ; élargissement du bassin et importante campagne de plantations.

1903-08
Six séries annuelles de *Nymphéas*.

1909
Exposition chez Durand-Ruel de quarante-huit peintures de 1903 à 1908 : *Les Nymphéas, Séries de paysages d'eau par Claude Monet*.

1910
À la suite d'une inondation qui provoque d'importants dégâts, Monet redessine la forme du bassin.

1912
Monet est atteint d'une cataracte. D'après des souvenirs ultérieurs, il découvrirait qu'il perçoit mieux les masses que les détails, ce qui le pousserait à entreprendre des compositions de grand format.

1913
Trois vues isolées du bassin, avec les arceaux de l'embarcadère couverts de roses.

1914
Au printemps, Monet annonce son intention d'entreprendre « de grandes choses », dont il vient de retrouver des « tentatives anciennes », probablement des études pour le projet de 1897. Puis il se lance dans des études de grand format (2 m de haut pour la plupart), peintes d'après nature au bord de l'étang.

1914-19
Monet travaille simultanément à des études d'après nature et à des « grandes décorations » (encore sans destination précise) sur le thème des *Nymphéas*, formées de toiles de 2 m de haut sur 4,25 m, 6 m ou 8 m de large. Il peint en outre, sur le même thème, indépendamment de l'ensemble décoratif, des toiles de 1 m de haut sur 1 m, 1,3 m ou 1,5 m de large (dont plusieurs datées entre 1917 et 1919), ainsi que des *Saules pleureurs*, des *Pont japonais*, et différentes vues d'ensemble du jardin d'eau (plusieurs de ces peintures sont datées entre 1917 et 1919).

1915
Construction d'un atelier spécial de 276 m^2

et 15 m de hauteur, destiné aux « grandes décorations ».

1918

Le 12 novembre, lendemain de l'armistice, lettre de Monet à Clemenceau lui faisant part de son intention d'offrir deux grandes compositions à l'État. Quelques jours plus tard, Clemenceau le persuade, semble-t-il, d'élargir ce don à tout l'ensemble décoratif.

1919-20

Suite du travail sur les « grandes décorations » (études préparatoires et grandes compositions). Négociations avec les pouvoirs publics sur l'aménagement d'un local destiné à l'ensemble décoratif ; un terrain est choisi dans la cour de l'hôtel Biron (musée Rodin), et un architecte, Louis Bonnier, travaille avec Monet à la conception d'un pavillon circulaire destiné à recevoir quatre compositions, *les Trois Saules*, *Les Nuages*, *l'Agapanthe* et *Reflets verts*, soit un total de 51 mètres linéaires. Nouvelles peintures de chevalet d'après le bassin et la végétation du jardin d'eau.

1921-22

Le projet d'implantation au musée Rodin est abandonné et l'orangerie des Tuileries retenue pour l'ensemble décoratif. Louis Bonnier est remplacé par un nouvel architecte, Camille Lefèvre. Le contenu du projet évolue rapidement. Lors de la signature de l'acte de donation (12 avril 1922) l'ensemble s'intitule *Série des Nymphéas* et comprend dix compositions : *Les Nuages*, *Matin*, *Reflets verts*, *Soleil couchant*, *les Trois Saules*, quatre autres compositions intitulées *Matin*, enfin *Reflets d'arbres* (soit près de 90 mètres linéaires), réparties dans deux grandes salles ovales.

1922-26

Aussitôt après la donation, recrudescence des troubles de la vue, qui requièrent plusieurs opérations en 1923. Monet doit remanier les compositions existantes et en peindre de nouvelles pour répondre au programme élargi de l'Orangerie. Il peint aussi des tableaux de chevalet, dont un groupe de *Ponts japonais* marqué par l'état de sa vue (1923-24).

1926

Monet, malade, se déclare prêt à livrer ses décorations s'il n'a pas la force d'y retravailler, bien qu'il les considère comme incomplètes. Il meurt le 8 décembre.

1927

Les décorations sont livrées et mises en place à l'Orangerie, qui est ouverte au public. Depuis l'acte de donation, des changements sont intervenus dans le contenu de la seconde salle : l'ensemble occupe désormais 91 mètres linéaires ; les composantes originales des *Trois Saules* et des *Matin* ont été redistribuées. Par ailleurs, dix-neuf autres toiles de 2 m de haut, non retenues pour l'Orangerie mais pour la plupart très travaillées, demeurent dans l'atelier de Monet. Elles occupent une longueur totale de 80 mètres linéaires.

BIBLIOGRAPHIE

Marianne ALPHANT, *Claude Monet : une vie dans le paysage*, Paris, Hazan, 1993.

Georges CLEMENCEAU, *Claude Monet : les Nymphéas*, Paris, Plon, 1928 (nouv. éd., Paris, Le Terrain vague, 1990).

Christian GEELHAAR, et al., *Les Nymphéas : Impression-vision*, Bâle, Kunstmuseum, 1986 (trad. française, Lausanne, Édipresse-Livres, 1988).

Gustave GEFFROY, *Claude Monet : sa vie, son temps, son œuvre*, Paris, Crès, 1922 (nouv. éd., Paris, Macula, 1980).

Pierre GEORGEL, *Monet, le cycle des Nymphéas*, Paris, Éd. de la Réunion des musées nationaux, 1999.

Robert GORDON et Andrew FORGE, *Monet*, New York, Abrams, 1983 (trad. française : *Monet*, Paris, Flammarion, 1984).

Maurice GUILLAUD et al., *Claude Monet au temps de Giverny*, Paris, Centre culturel du Marais, 1983.

Michel HOOG, *Les Nymphéas de Claude Monet au musée de l'Orangerie*, Paris, Éd. de la Réunion des musées nationaux, 1984 (nouv. éd., 1989).

John HOUSE, *Monet : Nature into Art*, New Haven et Londres, Yale University Press, 1986.

Joel ISAACSON, *Claude Monet : observation et réflexion*, Neuchâtel, Ides et Calendes, 1978.

Claire JOYES, *Claude Monet et Giverny*, Paris, Chêne, 1985.

Steven Z. LEVINE, *Monet, Narcissus, and Self-Reflection : the Modernist Myth of the Self*, Chicago, The University of Chicago Press, 1994.

Charles MOFFETT et al., *Monet's Years at Giverny : Beyond Impressionism*, New York, The Metropolitan Museum of Art, 1978 (trad. française, *Monet à Giverny : au-delà de l'impressionnisme*, Paris, Herscher, 1983).

Sylvie PATIN, *Monet : « un œil... mais, bon Dieu, quel œil ! »*, Paris, Gallimard et Réunion des musées nationaux, 1991.

Jean-Dominique REY et Denis ROUART, *Monet : Nymphéas ou les Miroirs du temps*, Paris, Hazan, 1972.

Karin SAGNER-DÜCHTING, *Claude Monet : Nymphéas, eine Annäherung*, Hildesheim, Zurich, New York, Georg Olms Verlag, 1985.

Virginia SPATE, *Claude Monet. Life and Work*, New York, Abrams, 1992 (trad. française : *Claude Monet : la couleur du temps*, Paris, Chêne, 1993).

Charles F. STUCKEY, *Monet : Waterlilies*, New York, 1988 (trad. française : *Claude Monet : Nymphéas*, Paris, Gründ, 1995).

Charles F. STUCKEY, *Claude Monet 1840-1926*, Chicago, The Art Institute et Londres, Thames & Hudson, 1995.

Paul Hayes TUCKER, *Claude Monet : Life and Art*, New Haven et Londres, Yale University Press, 1995.

Paul Hayes TUCKER et al., *Monet in the 20th Century*, Boston, Museum of Fine Arts et Londres, Royal Academy of Arts, 1998.

Daniel WILDENSTEIN, *Monet ou le Triomphe de l'impressionnisme*, suivi de *Monet : Catalogue raisonné*, 4 vol., Cologne, Taschen/Wildenstein Institute, 1996 (nouvelle édition de Daniel WILDENSTEIN, *Claude Monet : biographie et catalogue raisonné*, 5 vol., Lausanne, la Bibliothèque des arts, 1974-1991).